この本は、来るべき時代において充実した人生を実現したいと思う、すべての人に向けて書いています。自分のボスは自分、自分で自分を雇うという「独活（ドッカツ：独立活動）」を提案するものです。雇われない働き方もたくさんあるのです。

私自身も独活を経て、きびしいながらも楽しく充実した仕事人生を堪能しています。もともとは会社勤めで、フリーランスを経て起業しました。事業も産学官の間くらいで、幅広く取り組んでいます。一度きりの人生、「悔いなし」でいきたいものです。

コンサルティングや提案活動、執筆や連載なども長年続けてきたので、多くの事業家、フリーランス、ビジネスマンや公務員などと面談・インタビューを行ってきました。そのような自分の体験・人生の達人たちの事例などから導き出したのが本書です。

学校を出てから社会人になるとき、多くの人は民間企業、公務員、教育機関や医療機関など組織の一員となる道を選びます。しかし、なかには組織人の道を選ばずに社会へ旅立つ若者もいます。また、一度は組織人となるものの、その後雇われない生き方を選択する人もいます。

日本人の平均寿命は、女性が86・4歳で26年連続の世界一、男性は79・6歳で世界第4

独《ドッ》活《カツ》のススメ

原 正紀
HARA MASANORI

同友館

位（厚生労働省「平成22年簡易生命表」）。これは平均の年齢ですから、半数はこれ以上の人生を生きることになります。定年後の人生はまだまだ長く、誰もがいずれは独立を真剣に考えなければならなくなります。

組織人にならないキャリア、雇われない生き方というのはどのようなものでしょうか。それには大別すると、自分自身がフリーランス（以下フリー）として独立する道と、組織を自らつくる起業という道があります。

では、フリーとしての独立と、起業とはどうちがうのでしょうか。

フリーは、人のコントロールの下ではなく、自分の意志と力で勝負していくことです。常に自分のボスは自分であるという一匹狼の世界で、自由さが最大のリターンなのです。その快適さは、一度その境遇に身を置いてみないとわからないかもしれませんね。

一方、寂しさや不安といった、組織に身を置く人とはちがった苦労も背負いこむことになります。

起業は、独立するための選択肢でもありますが、その範囲を超えるものです。一定の自由があるものの、サラリーマンとはちがう縛られ方をすることも覚えておいてください。

何に縛られるのかというと、それは責任です。サラリーマンは、組織という枠のなかにいるため、責任の範囲はかぎられます。副社長までは、社長に頼ることができるのです。

ですが、起業家はすべての責任を自分で負わなければなりません。しかも、自分1人がやったこととしてすむフリーの世界と比べ、他者の力を借りている分、レバレッジが効いて責任が大きくなってしまいます。

私が起業した会社は、株式会社クオリティ・オブ・ライフといいます。なんとか毎年成長を続けています。新時代の人財ビジネスを創ろうと起業して、人財分野で日本一のソーシャル・カンパニーになることをめざしています。

これからは、人と組織の関係がより自立的なものになるだろうと思い、組織のなかの個人、社会のなかの個人の充実をコンセプトに「クオリティ・オブ・ライフ（人生の質）」という社名にしました。

お客様に満足していただくことはもちろん、そのためには働くメンバーが満足していることが大事だと思います。メンバーの人生の質の向上にも、精一杯報いることができる会社でありたいと思っています。

私自身は、30代で「やがては自分の会社をもちたい」と密かに決めました。でも、自信がなかったので、40代での起業を目標とします。そうすればもうひとがんばりして、普通の人の定年（60歳）までに企業としても安定経営に入っているだろうという計算です。今のところは順調にいっています。

そのような独立をめざしてきたので、ビジネスマンとして働きながらも独立に使える資源（リソース）の蓄積をしてきました。それは、自分の力をつけることです。私の場合は、人財分野での提案営業を続け、課題解決力を磨き、人財活用の専門性を高めてきました。併せて中小企業診断士とＩＴコーディネーターの資格を取り、経営の勉強をしました。長年続けた営業の仕事を通じた人脈づくりにより、今でも多くの方に支えられています。

さらに、家族への理解促進や、資金のストックなども進めてきました。何より自分の覚悟をじっくりと固めました。

今思えば、それが私の独活でした。組織のなかにいて義務を果たしながらも、独活はできるのです。私ができたのだから、誰だってできるはずと、自信をもって言えます。

本書では、「雇われない生き方をめざす＝独活」という意味で、独立をするためのプロセスやノウハウを伝えていきます。その前提として、フリーとしての独立、起業としての独立を分けて考えています。フリー独立の延長が、起業になることもありますが、それはまったく別物だという見方もできます。つまり、独立の道はキャリア選択肢として、多様化しているのです。

2012年9月

原　正紀

CONTENTS

第3章 独立への道

第4章 リスクの少ない小規模独立を考える

第5章 起業① プランを立てる

第6章

起業② 具体的に動き出す

第7章 起業③ 充実・確立させる

第1章

なぜ今、独立の時代なのか

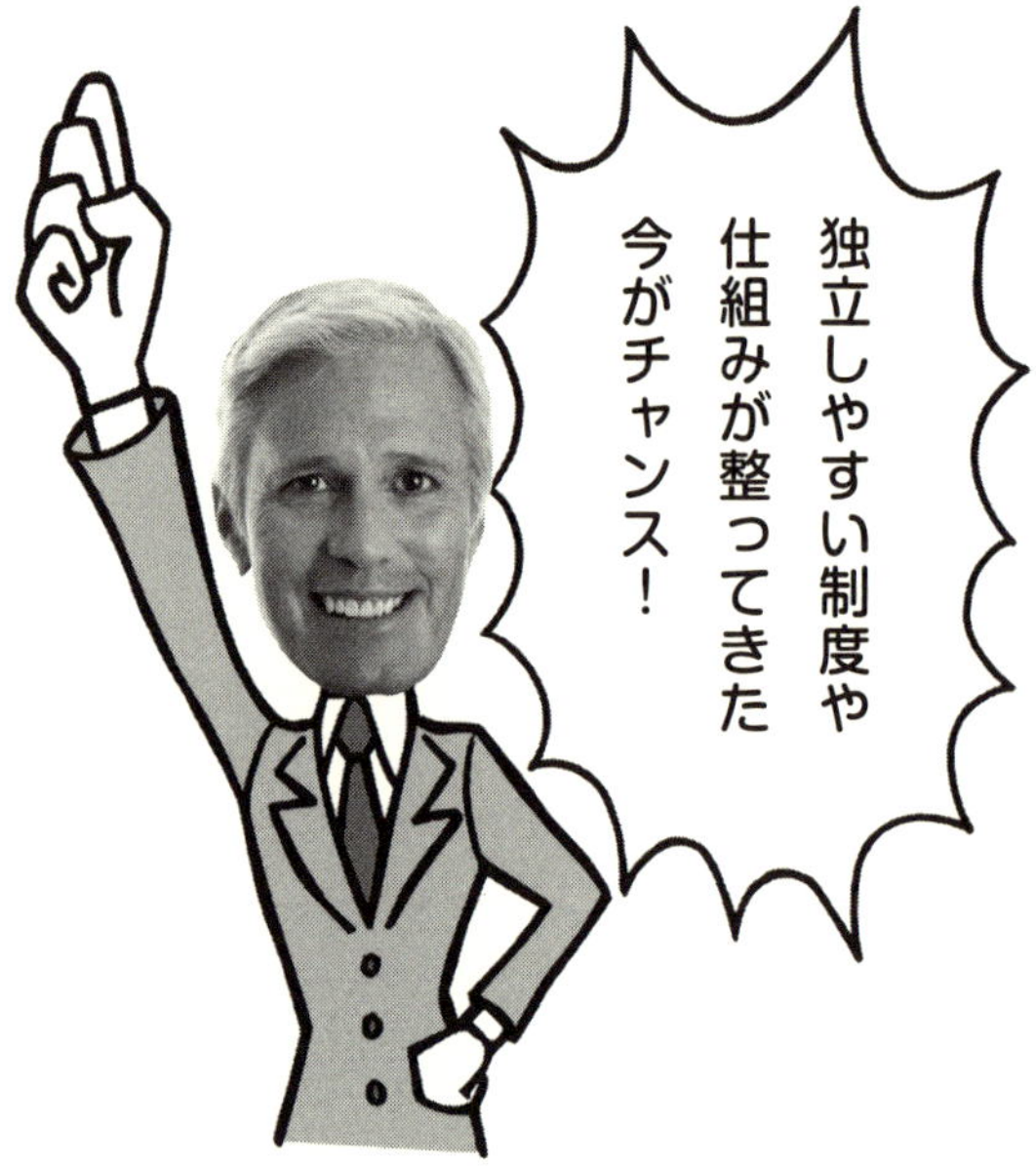
独立しやすい制度や
仕組みが整ってきた
今がチャンス！

日本型キャリアの広がり

雇われないキャリア

近年、日本の働き方はどんどん多様化してきました。賛否両論ありますが、選択の幅が広がったのはいいことではないでしょうか。独立や起業というのは一部の人しかできない、という時代ではなくなりました。

勤め先を変えるようなノリで、独立する人の話もよく聞きます。独立も、キャリアとしての一般的な選択肢の1つになったようです。どうしてそうなったのでしょうか。

昭和に高度成長を成し遂げた日本は、大きな曲がり角に差しかかりました。インターネットによる新しくて多様なビジネスの出現、TPPなど自由貿易化の流れとグローバル経済の進展、少子高齢化、財政危機、そして個人を取り巻くメンタルヘルスの問題……。

これまでの日本経済を支えた、「大きな組織」「長期雇用」「生活保障的制度と忠誠心」といった仕組みは、見直しを余儀なくされています。

そのようななかで、ネット系ビジネスや新たなサービス、6次産業（1次産業が加工や流通、販売までの業務を担うこと）への取り組み、ソーシャルビジネスなど、新しい事業のあり方が随所に見られるようになりました。世界の大都市・東京や、震災復興に取り組む東北地方などでは、とくに顕著だと思います。

新しい時代を支える若者たちはもちろん、これまでの経験を生かした中高齢者の「人生二毛作的独立」も目立つようになっています。インターネットの登場で、メディアが「マスメディア」から「パーソナルメディア」へと重心を変えたように、ビジネスも「パーソナルビジネス」へと流れているのでしょう。「個の時代」の幕開けです。

国をあげての若者支援

小泉内閣の時期に、「若者自立・挑戦プラン」という国の政策がスタートしました。若者の失業率が高まり、「働かない・働けない若者」が増えてしまったことに対する危機感の表れでした。

そのとき、ニート（NEET＝若年無業者）なんていう言葉が使われるようになって、求人はあるのに仕事につかない若者が増えたのです（19ページ図「ニートの推移」参照）。

それまでは、学校を出たら就職するのが当たり前でした。「働かざる者食うべからず」

なんて言葉が、当然のように浸透していたのです。

私も、何の疑問も抱かず当たり前のように就職した学生の1人でした。でも、今の学生には選択肢が多くなっており、それゆえ悩む人も増えています。

その大きな引き金になったのは、バブルの崩壊でした。バブル崩壊後の就職難の時期、正社員になれずにフリーターという道を選んで、そのまま中年化している層も多くなっています（19ページ図「中年フリーターのデータ」参照）。

多くの企業が倒産したりリストラしたりして、真面目に働いていた大勢のお父・お母さんさんたちが、職を失いました。そんな光景を見ていた若者世代が、企業に就職することを選ばなくなるのも、不思議ではないことのように思えます。

そこで、政府を中心に、全国で若者を支援するために企画されたのが「若者自立・挑戦プラン」なのです。私も手伝いましたが、ジョブカフェなど若者支援のセンターが各地に立ち上がり、全国でさまざまな支援プログラムが実行されました。

同時に、キャリアコンサルタントという資格が拡大していき、個人のキャリアを真剣に考える時代になっていったのです。今では多くの大学や高校で、キャリア形成のための教育が行われるようになりました。

ニートの推移

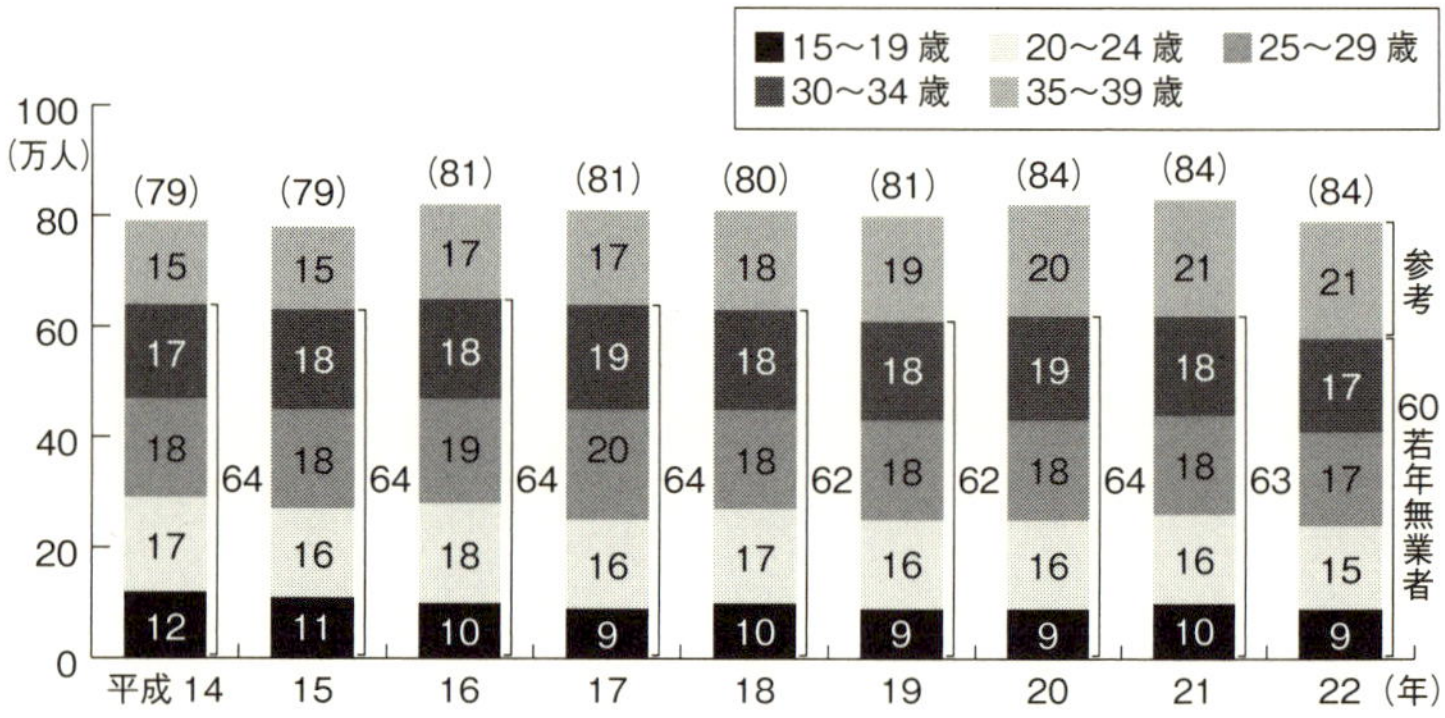

（注）1　若年無業者については 15～34 歳の非労働力人工のうち家事も通学もしていない者として集計（グラフでは、参考として、35～39 について記載した）。
2　15～34 歳計は、「15～24 歳計」と「25～34 歳計」の合計。15～39 歳計は「15～24 歳計」、「25～34 歳計」及び「35～39 歳」の合計。「15～24 歳計」、「25～34 歳計」それぞれの内訳については、千人単位を四捨五入しているため合計と合わない。

資料：総務省統計局「労働力調査」　【出典】内閣府「平成23年版　子ども・若者白書」

中年フリーターのデータ

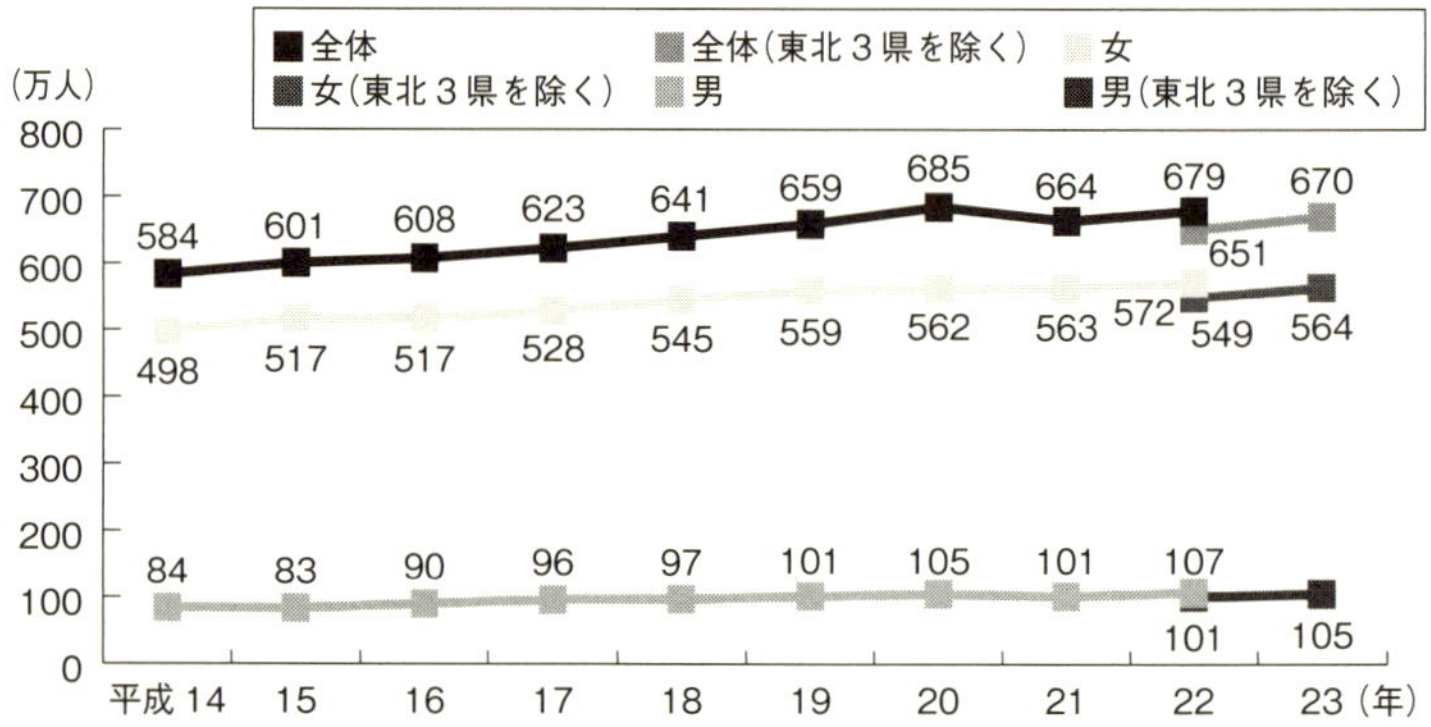

※中高年フリーターの定義は 35 歳～ 54 歳までの非正規の職員・従業員とする

【出典】:総務省 労働力調査より作成

人生二毛作社会

組織からの自立の動きは、若者だけのものではありません。むしろ中高年齢者が積極的に、終身雇用という枠組みに別れを告げて、それぞれの経験やスキルを生かした新たな道を選ぶようになっています。

起業を年齢別にみると、じつはもっとも多いのがこの年齢なのです（21ページ図「起業家の年齢別構成」参照）。私自身もその1人ですが、一度きりの人生、人に使われっぱなしで終わりたくないという人は増えています。

中高年の独立は、若者の独立とちがって、それまで培ってきたストックが豊富です。お金だけではなく、知識や技能、人脈や家庭、そんな数々の資源は自立するのにとても役立ちます。

中高年齢者が積極的に組織から独立すると、組織は新しく若い人材を雇うことができてリフレッシュするだけでなく、若手社員が仕事を任されて成長できるというメリットもあります。

反対に、中高年がいつまでも組織にしがみついていると、経済が拡大している時期とちがって、その分企業は新規雇用を抑制するので、若者たちが押し出されてしまいます。長期雇用は日本の特長でこれからも続くでしょうが、右肩上がりでない経済状況のなかで、一定の新陳代謝は企業の存続にとって大事です。

独立の気概をもつ中高年は、今後さらに増えていくでしょう。世界に冠たるマクドナルド、ケンタッキー・フライド・チキンという2大外食企業も、中高年から起業して創り上げた会社です。レイ・クロックがハンバーガーのレストランを出したのは52歳、カーネル・サンダースがフライドチキンのレシピを完成させたのは49歳なんです。

人生に遅すぎることはない、年齢に関係なく思い立ったらチャレンジしましょう。

独立促進のあれこれ

個人のキャリアが多様化すると同時に、多くの企業や公共機関で独立を支援するような

起業家の年齢別構成

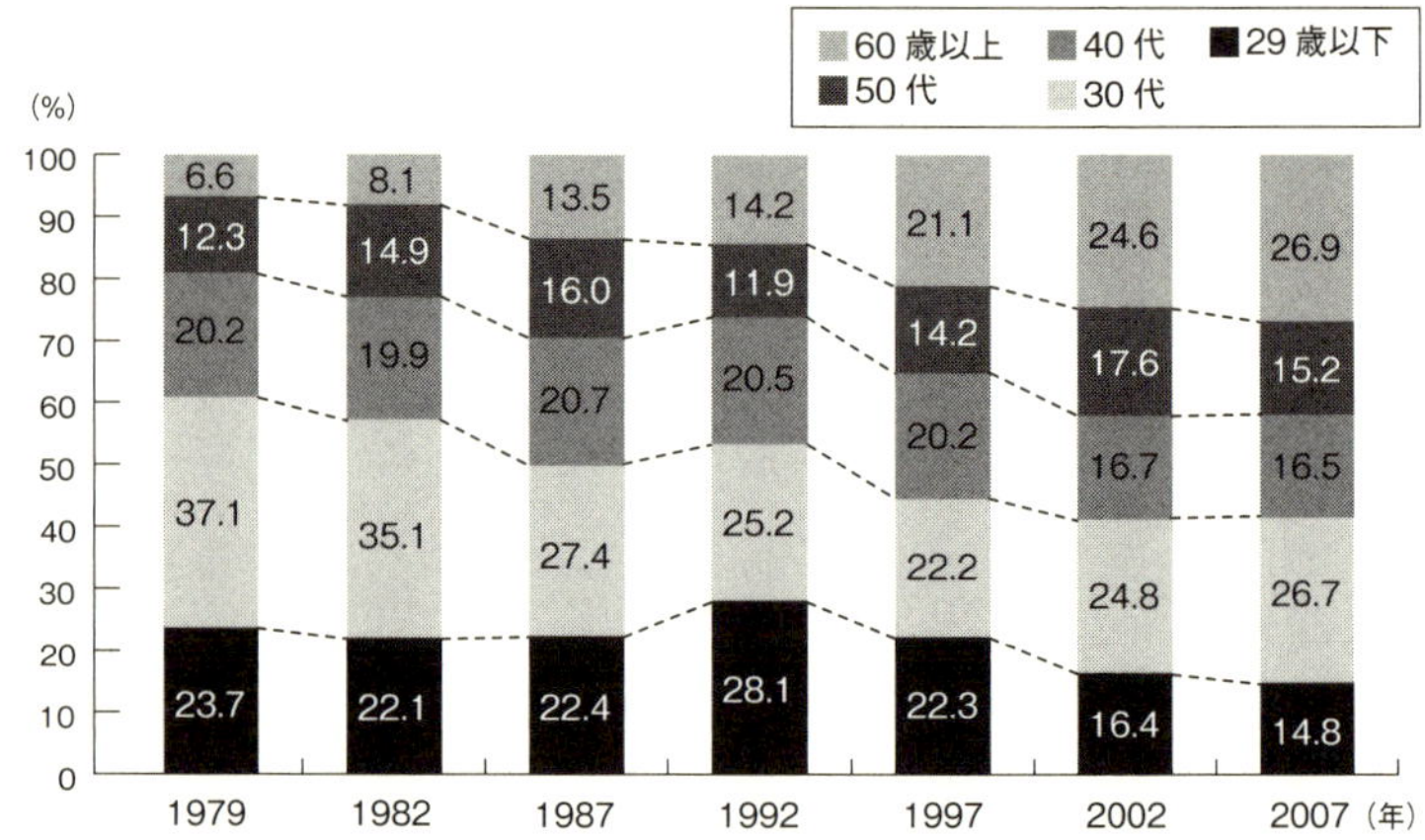

【出典】「中小企業白書2011」より作成

取り組みが増えてきました。

たとえば、多くの人が勤めている外食産業や店舗ビジネスでは、「店員→店長→エリアマネジャー→本部スタッフ→幹部」といったキャリアパスが想定されています。

これらの産業は接客系ビジネスの代表格で、多くの人が「お客様」としても利用する業界でもあり、とても身近なビジネスです。そのため、独立を考えるときに、自分の店をもちたいと思う人も多いですね。

個店ビジネスは、小さな規模からのスタートも可能なので、独立しやすいビジネスといえます。

この業界の特徴として「のれん分け」や「フランチャイズ」という独立しやすい制度があります。これは、少ない資金やノウハウを補完し、独立を助ける制度です。一方、本部にとっては、自社が直接経営しなくても店舗が増やせるというメリットがあります。

そのほかにも、企業内起業、つまり企業のなかにいながらベンチャーなどを立ち上げて、うまくいくようならマネジメント・バイ・アウト（経営陣による経営権の獲得）による独立ができる、などという仕組みもあります。これも、リスクの少ない独立です。

公共関係や金融機関でも、独立起業に際して資金調達を優遇したり、その後のさまざまなサポートを行ったりというものもあります（23ページ図「さまざまな独立支援制度」参照）。

雇われていてストレスを感じ、ときにはうつ病などのメンタルヘルスの問題を抱えながらも務め続けるのは、独立してやっていけるイメージがもてないからでしょう。でも、前述のように、独立を支援する制度や仕組みは世の中にたくさんあります。実際、それらを活用することでスムーズに独立している人は、とても多いんです。

失敗するリスクを考えて二の足を踏んでいるなら、独立の支援制度や仕組みを利用することも考えてみたほうがいいでしょう。

雇用とリストラ

若くして独立している方の話を聞くと、よく出てくるのが親世代のリストラとの遭遇で

さまざまな独立支援制度

東京都中小企業制度融資	創業に必要な資金の融資制度
創業支援センター（日本政策金融公庫）	創業支援のためのセミナー開催
iSB公共未来塾（内閣府）	起業家やスタッフを養成するビジネススクール
いきいきとした企業活動のために（東京都中央区）	経営セミナーホームページ&作成セミナー&起業に必要な基礎知識を習得するための講習
起業・創業サポート（東京都豊島区）	①資金や諸条件等の総合相談、②諸届け等の相談 ③起業計画書作成、④起業後の経営診断
産学官連携支援データベース	国や自治体の企業支援を検索できるサイト
起業支援ファンド（中小機構）	投資・ハンズオン支援を目的としたファンドを通じて創業初期の資金面及び経営面から支援

す。バブル後の不況期とリーマンショック後に、よくありました。

一生懸命働いてきたのに、会社が不況になると雇用を打ち切られてしまう。辞めたくない人が多いので、会社もやり方を工夫しますが、要は「君には居場所がない」ということを、何らかの方法でわからせるのです。

一部の大手企業では退職金の積み増し、セカンドキャリアを考える研修、再就職支援会社へのいざないといった方法がとられることもありますが、多くの場合は、そのような特典がないまま次の勤務先を探すことになります。

長期雇用という日本的経営の特徴は、企業を取り巻く環境の変化で、維持が難しくなってきました。もちろん、まだまだ基本的には長期雇用ですが、右肩上がりの経済状況ではない今、みんなが定年まで勤めあげることはできなくなっています。ずっと同じ会社で定年を迎えるのは、せいぜい半数とか3分の1くらいではないでしょうか。残りの人は、転職先を探すか、独立の道を歩むしかありません。

陰湿なリストラの話も聞きます。窓のない倉庫のような部屋で、意味のない仕事をさせられる。営業経験がないのに、きびしいノルマをもって営業をさせられる。年下の上司のもとで冷たく扱われたり、外部のきびしい指導者の下に配属され罵倒されてプライドがズタズタにされたり……。そこまで極端でなくても、なんとなく周囲の冷たい目線を感じたり、そろそろ身を引いてほしいという空気を感じたりする人も、少なからずいるでしょう。

そんなところにしがみついて、何になるのでしょうか。精神が病むだけです。一度きりの人生なのに。

たしかに、独立にはリスクが伴います。でも、今の状況に甘んじると、機会を失うリスクを負うのです。自分の先の見通しと可能性については、定期的に考えるべきです。よくいうキャリアデザインのことですが、下図のように3つの輪で考えるとよいでしょう。

団塊世代とバブル世代

日本の高度成長を支えたのは、団塊の世代です。この世代は人数も多く、戦後の混沌か

キャリアを考える3つの輪

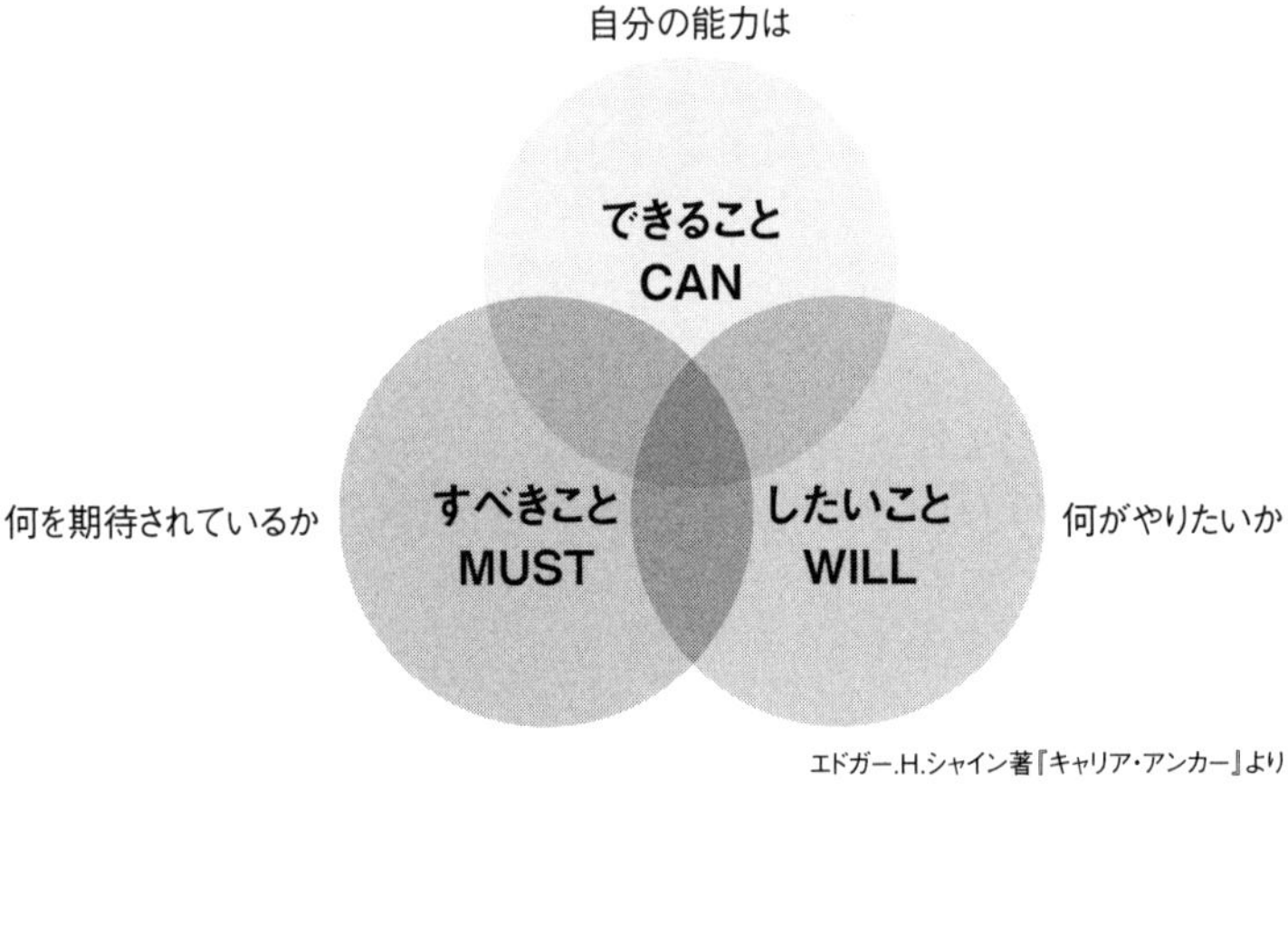

エドガー.H.シャイン著『キャリア・アンカー』より

ら日本が立ち上がる時期で、経済成長を目標としてがむしゃらに働きました。「大きいことはいいことだ」「モーレツ」なんていう言葉がはやり、サービス残業などをものともせずに働いたのです。

その結果、日本はGDP世界第2位（その後、中国に抜かれ3位）という経済大国の地位を勝ち得ました。エコノミック・アニマルなんて世界から言われたりしたんです。大きなお世話だと思うほど、世界から働きすぎを非難されてきました。でも、得たものも大きかったのです。あくまでも、経済的な価値ですが。

半面、団塊の世代の子どもたちや、今の若者はどうでしょう。このような、バブル前後に生まれた人たちが見てきた風景は、団塊世代とはまったくちがうものです。

右肩上がりの経済成長時代は、「明日は今日よりよくなる」と信じることができ、企業のなかで一生懸命働けば、将来が保障されたのです。

でも、バブル世代は、「明日が今日よりいいなんて信じられない」と思ってもムリはありません。現在のように既存の価値観がどんどん崩れるなかで、企業に対する信頼感がもてないのもうなずけます。

その反動からか、社会福祉や環境問題を真剣に考え、NPO、NGO、ボランティア、ソーシャル・カンパニーなどを希望する若者が増えているようです。

企業を信じるよりも自分を信じるか、もっと大きな社会を信じるしかないということでしょう。企業も社会の一員にすぎませんから、考えの幅が広がったといえます。これまでより進化した考え方の世代なんです。だから生き方、働き方も多様になってきて、独立の形態も増えてきたのでしょう。

独立活動のススメ

安定した人生

安定って何でしょうね。同じ状況が続くことでしょうか。でも、環境が変わるのですから、同じ状況を続けるためには、自分も変わり続けなければならないのです。

つまり人生においての安定とは、一定ではなく、成長したり変化したりすることで実現するのです。それは、年齢に関係なく、どの世代にも当てはまります。

そもそも、安定とは何の安定でしょうか。仕事の安定、収入の安定、人間関係の安定、精神的安定などいろいろ考えられますね。

仕事の安定とは、会社がつぶれないことかもしれません。でも、国がバックについて安定しているといわれたＪＡＬや東京電力といった会社でも、今や大揺れに揺れています。

収入もそうです。これまでは年功序列型賃金で、長く務め続けていれば自然と上がっていったのですが、賃金制度はだいぶ変わってきました。業績や実力に応じて上がり下がりするのは当たり前、退職金だって前払いが増えています。

会社員とてぶら下がりは許されず、収入は自分で勝ち取るしかありません。

まして人間関係など、どのような職場の組み合わせになるかでまったく変わってきます。よく新卒入社組などが早期退社する理由として、職場の人間関係があげられます。なんといっても大事なのは、上司との関係ですね。

「上司は選べない」といわれますが、ダメ上司に付いたら人生不幸です。成長もできないし、毎日がつらくなってしまいます。セクハラ・パワハラのセ・パそろい踏み上司などに当たると、精神的安定も望めません。

そう考えると、結局安定とは、会社員でも自分で勝ち取るものなんです。独立はリスクが大きいと思う人が多いようですが、会社員だってリスクがあるのです。どの道人生、山あり谷ありなので、自らの努力で乗り越えていくしかないと覚悟を決めましょう。

エンプロイアビリティとは雇われる力

会社員のリスクもいろいろですが、リストラは、いちばんドラスティックなものかもしれません。しかし、もっとボディーブロー的に効いてくるようなものもあります。

真面目に働いている人をバカにしているようで好きではありませんが「社畜」という言

葉があります。組織に飼いならされてしまうと、社会の荒波を1人で乗り切る力が弱くなってしまうことを表しています。動物園で飼いならされた動物が、野生に戻ってもエサが取れなくなるようなものですね。

つまり、自分の可能性を、会社の都合でゆがめられてしまうというリスクです。その分日々の生活は保障されますが。サラリーマン向きでない人が、会社のなかで自分を殺している姿を見ると、人生へのリスクだなあと感じます。

いつまでも会社にいることはできません。定年というものがありますから。でも、会社という居場所に頼り切ってしまう人が多く、定年後に燃え尽きてしまっています。

宮仕えという生活の保障も大事ですが、そのなかでも、自分のエンプロイアビリティという意識を忘れてはいけません。エンプロイアビリティとは、「雇われる力」です。つまり、今の勤め先から外へ出ても、すぐ別のところで雇ってもらえる力です。

わかりやすくいうと、特別の資格をもっているとか、評判の営業マンであるとか、プロジェクトを成功させたマネジャーとか、優れた技術をもっているエンジニアとかです。

試しに一度、自分のレジュメ（職歴・技能などのまとめ）を書いてみましょう。あなたは、他社から見ても魅力的な人材でしょうか。

一方、その会社でしか通用しないような能力を「企業内特殊能力」と呼びます。たとえば、社内での豊富な人脈、社内の事情通、自社の製品にしか通用しない技術、などです。

企業内特殊能力しかもっていないという場合も、悲観することはありません。企業内特殊能力を身に付けたということは、その奥にあるスキルを発揮できれば、別の場でも活躍できるということだからです。

常に牙をとぐことを忘れずに、自分のエンプロイアビリティを高めるべきです。変化の時代では、それこそが自分の身の安全をはかる術なんです。まずはそのような気概をもち、そのうえで、組織に雇われる道を選ぶか、独立する道を選ぶかを考えましょう。

自分のキャリアを人に預けるな

みなさんがキャリアを築き上げていくなかで大事なのは、いうまでもなく職業の選択です。人生で仕事に費やす時間は、ほかの何ものにも増して長いのです。どんな仕事を、どこで、どれくらいやるか。どれほど打ち込み、そこで何を得るのか。その積み上げで、みなさんのキャリアは形成されていくのです。

組織の一員になることは、とてもいいことです。みんなで何かを成し遂げる喜びは、何ものにも代えがたい感動となります。

私自身は、今は独立起業していますが、若者の進路相談をするときは、どれほど独立心が強くても、「まずは組織に勤めたほうがいい」と伝えます。そこで得るものの大きさを知っているからです。でも、そこに自分のキャリアを預けっぱなしにしてはいけません。組織「至高の処世術は、妥協することなく迎合することである」という言葉があります。組織のために任された仕事に全力で取り組むのは尊いことですが、自分として譲れない一線をしっかりもたないと、後頭部をさらして会社のためにお詫びをするような、残念な姿を世間にさらすことになってしまうかもしれません。

組織には、個人の考えや尊厳をねじ曲げる力学が働くときがあります。どんなに現状の仕事にやりがいを感じていても、上司の不当介入や配置転換、転勤や出向などでその仕事から外されることがあるのです。

もちろん、そこから新しいチャンスが生まれるかもしれませんから、まずは前向きに考えるべきです。そのうえで、やりたい仕事や自分のキャリアを真剣に考えてみましょう。このとき、自分の心の声に従ったほうが、後悔は少なくなります。行動すべきときにしなかった後悔は、ずっと残るものです。

決して軽はずみな独立や転職をすすめているのではありません。人生の節目にしっかりと考えて、進むべき道を決断してください。

自分の可能性を、狭くとらえないでほしいのです。

第2章

かつての独立、今の独立

増える独立のチャンス

減る自営業と増えるサラリーマン

どんな大きな会社も、最初はスモールステップから始めています。いきなり世の中に大企業がゼロから生まれる、なんていうことはありません。かつての日本には、多くの個人商店がありました。自営業の家で、子どもたちも仕事を手伝うということが多かったのです。

でも今は、多くの自営業者が店をたたんでいます。1986年から2006年のあいだに、535万社あった日本の自営業者（株式会社なども含む）は、420万社まで減っています。100万社以上が消滅したのです（35ページ図「日本の会社数推移参照」参照）。

その要因としては、規模の経済性、つまり大資本をもつ企業がチェーン店舗などを増やしていったからです。地方などの商店街は「シャッター通り」といわれるように、たたんだ店が目立つようになってしまいました。

その代わりに、全国チェーンの店や大型のショッピングセンターが目立つようになっています。自営業者たちは減り続け、人に雇われるサラリーマンが増えていったのです。雇われることが当たり前の時代が続きました。

社会の仕組みがとても整備された世の中であった江戸時代においては、むしろ独立が当たり前でした。だって大きな組織なんてないんですから。みんなが自営業を営んだり、手に職をつけて仕事を得たりしていたんです。明治になって会社というものが登場して、雇われる生き方が増えていきました。もともとは、流動性は高い世の中だったのです。

これほどサラリーマンが増えたのは、昭和に入ってからです。経済成長とともに増えていったのですね。つまり日本では、大半の人

日本の会社数推移

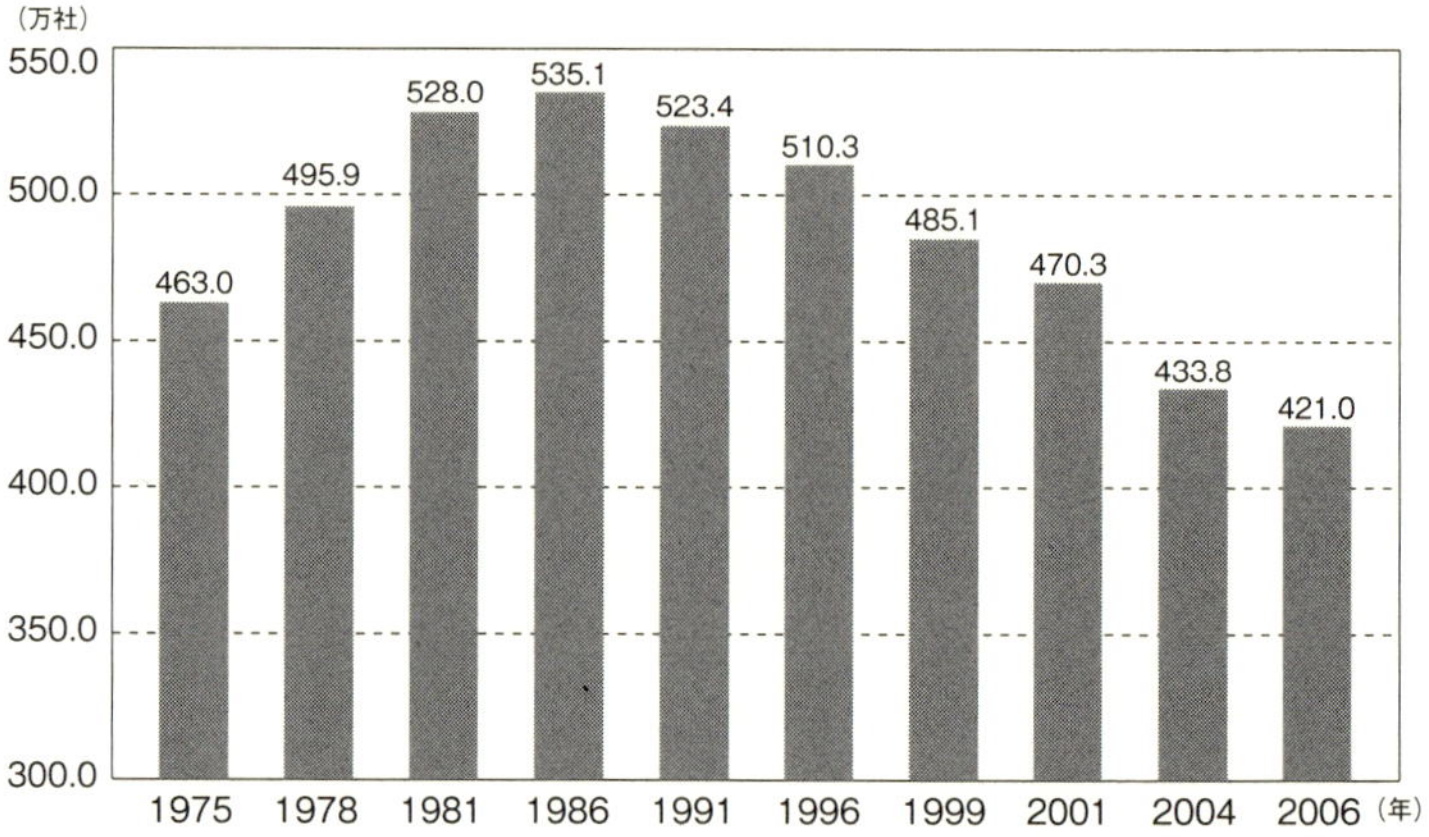

【出典】中小企業庁「2008年版中小企業白書」

が組織に属している時代よりも、独立している人が多い時代のほうが長かったのです。

新しい独立のカタチ

かつての自営業とはちがう、新しい形態が増えてきました。それを促したのは、インターネットの登場でしょう。ＳＯＨＯ（Small Office Home Office：自宅などをオフィスとする）型の独立が増えています。週末起業や副業などの、パート型独立も登場しました。

とくに近年目立つのが、ＮＰＯやＮＧＯといった社会活動を行う形での独立です。小規模なものが多いですが、一応組織として活動しています。東北での震災復興などで活躍しているところも多いですね。ボランティアからの独立というケースもあります。

新たな法律に基づくＬＬＰ（Limited Liability Partnership：有限責任事業組合。１３８ページ参照）といった、個人事業主を束ねるような形態の組織も出ています。資格をもった人などがチームをつくったりすることが多いようです。

企業と契約する形の独立もあります。不特定の企業と契約する場合をインディペンデント・コントラクターといいますが、その協会などもできています。

フランチャイズという形式も増えてきました。かつてはコンビニエンスストアや外食などが主体でしたが、今は多くの業態でフランチャイズ方式を取り入れています。それも独活の流れに拍車をかけています。

もちろん、本格的な起業もたくさんあります。とくに、ネットを活用した新しいビジネスモデルや、グローバルに展開するような事業、逆に日本の地域を活性化させるものなど、新しい時代のニーズに合わせた起業も目白押しです。

インキュベーション施設（起業家を育成する施設）やサービスオフィス（インフラが整備されるなど開業しやすい環境のオフィス）など、独立する人を支援する環境も整ってきました。こうした、独立を促進する状況ができあがってきています。あとは、行動あるのみです。

独活のためのリソース拡大

かつては身近な商店という形での独立が多かったのですが、今は新しいサービス業がたくさん登場しています。インターネット関連を筆頭に、ヘルスケアや多様化に対応した外食産業、社会的課題を解決するようなソーシャルビジネスなどです。

詳しい事例はのちほど紹介しますが、独立への支援や1人でも仕事ができるようなツール関係は、とても充実してきています。

バブル後のインターネット草創期には、ベンチャービジネスを支援するようなブームがあり、個人投資家（エンジェル）やベンチャーキャピタルなどの出資者が増えてきました。株式公開もしやすくなり、多くの新興市場ができました。

しかし、それも一段落、今の独立の方向としては、ベンチャーという形がもてはやされていません。むしろ、NPO法人や社会起業家がかっこいいという風潮が強くなっています。それは、年代を超えた価値観のように思えます。

独立起業のハードルは下がった

これまで話してきたような変遷を経て、今は新たな独活ブームの兆しと感じています。近年流行ったいくつかの言葉も、その傾向を表しています。

まず、「ダイバーシティ（多様性）」という言葉です。これまでとても画一的だった日本の働き方が、かなり多様になってきています。たとえば、雇用形態などもそうですね。独立も含め、人生の選択肢も多様になってきました。

次に、「フリーエージェント」という言葉ですが、個人の自由さが感じられます。

さらに、本書にもここまで何度か出てきた、「ソーシャルビジネス」という言葉です。社会的課題を解決するようなビジネスのことで、どちらかというと地域コミュニティなど狭い範囲で活躍するケースが多いですね。でもその範囲は、日本を超えたグローカル（グローバル＋ローカル）なものも見られます。これまで企業が手をつけていなかった分野で、規模は小さいながらも、少人数で活躍できる点が特徴です。

東京など大都市から脱出して、地方で活躍するような若者も増えています。特定の場所で働かない「ノマド族（遊牧民）」的働き方もよく聞きますが、都会のコ・ワーキングスペースや地方のローコスト性を活用した、独立の新しい方向となっています。地元に帰るというUターンだけでなく、これまでかかわりがなかった地域にIターンするケースもあります。

まだ流行ってはいませんが、私が昨年出した本のタイトルにも付けた「人生二毛作」という言葉もそれを表します。どちらかというと中高年を意識した言葉ですが、要するに、「それまで培ってきた能力や人脈を生かして新しい仕事に取り組もう」ということなので、30代くらいでも十分可能な概念です。

これらの言葉が表わすように、独立のハードルは下がってきたといえます。

次ページからは、これまで説明してきたような多様な独立を、事例で説明します。

イマドキの独立ケース集

事例に学ぶ独活のパターン

ここでは、実際の独立企業で参考になる特徴的な事例をできるかぎり紹介します。独立企業にもいろいろなカタチがありますが、事例を紹介するにあたっては、計画的か偶発的か、自己実現のためか社会貢献のためかによって分類し、その4つのパターンに事例を整理してみました。

かぎられた事例なので一般論として通用するかどうか微妙ですが、次からの事例でいちばん多かったパターンは、自己実現のキャリア追求の結果として、独立につながったものでした。つまり独立は、キャリアの選択肢の1つであるということが見て取れます。

また、社会貢献を目的としている人は、比較的計画を立てて独立していることが多いことも事例からわかりました。もともとそういう志をもった人が、その実現の手段として独立の道を選ぶのですね。

でも、仕事をしていくうちに社会貢献に目覚めるケースもあります。近年では社会貢献志向の人がまちがいなく増えていると思います。
それでは分類別に事例を見ていきましょう。

①発展的自己実現

デジタルハーツ――フリーターから起業・上場

宮澤栄一さんは、フリーターから上場企業をつくり上げたという、希有《けう》な独立の経験をしています。少年時代から家業の倒産を2度経験したそうですが、そのつらい思いはのちの経営者としての成功につながったのでした。

作詞家への夢を追いかけながら行っていた、ゲームソフトの不具合を発見（デバッグ）するアルバイトで知り合った仲間と、今の会社を設立することにします。

作詞家の仕事は、書いても書いてもたいした収入にはなりません。そのため、詩は夜に書くことにして、昼は頼まれたデバッグの仕事をしていたのです。その仕事を通じて知り合った6人の後輩を連れて、自宅を作業場にして起業しました。

その後、リーダーシップがある宮澤さんのもとには、多くの仲間が集まりました。世界にも例を見ないデバッグ（この場合は、発売前の製品の不具合を発見する仕事）の専門会社として、成長軌道に乗せて、上場まで実現してしまいました。

その成長を支えるのは、近年増加しているフリーター層という、ゲームのヘビーユーザーたちです。新しいゲームに夢中になって、寝食を忘れて取り組むというスタンスは、システムの不具合を発見するという、このビジネスモデルの担い手として見事に合致しました。

今では、その仕事の希望者として、約６０００人もの登録者がいるそうです。品質にこだわる日本人の特性に合うビジネスとして、チェックド・バイ・ジャパンの確立をめざして、世界にも展開しています。

⇣小僧ｃｏｍ――遅すぎることはない

「30・40歳はヨチヨチ歩き、50・60歳はハナタレ小僧」として「小僧ｃｏｍ」を起業し、新たなビジネスモデルに挑戦する平松庚三さんは、ソニーで経験を積んで、ライブドアで経営者として力を発揮し、満を持しての起業です。

早稲田大学を中退して国際派人材をめざした平松さんは、東南アジアを放浪したそうです。その後、読売新聞ワシントンＤＣ支局で働きながら米国の大学に通い、大学を終えてソニーに就職し、広報マーケティングの分野で国際的なキャリアを積みました。

仕事で活躍して大物との人脈も広げるのですが、ソニーでの限界を感じて、活躍の場を外に求めます。転職してアメリカンエキスプレス、AOLなどで経営者を務め、MBOで会計ソフトの弥生の経営者となるのです。さらに、ライブドアグループに入り、堀江社長のあとの経営を任されて、マスコミでも有名になりました。そのような大きな山を乗り越えたのちに、起業に踏み切ります。

平松さんが語ってくれた夢には、3つの目標があるそうです。

「第1に、今のビジネスを成功させることです。そして第2に、最近始めた農業を成功させることです。古民家と800坪の畑を入手して、果実と野菜作りを始めました。第3に考えているのは、米国企業の一般公募型の宇宙旅行に予約して、日本人として最初に宇宙に行くことです」。着々と夢の実現に近づいています。

⇣ 志縁塾——やりたいことをやる独立

毎日のように講演や研修の講師としてオファーが入る大谷由里子さんは、日本一の売れっ子講師といってもいいでしょう。個人で活動するだけでなく、志縁塾という会社を設立して、運営パートナーの島田守さんと一緒に、講師の育成も行っています。

大谷さんは医者の家に生まれ、京都ノートルダム女子大学を卒業後、初の女子大卒社員として吉本興業に入社しました。横山やすし氏ら芸人のマネジャーを務め、3年間で濃密な体験をしたのちに、結婚のため退社します。

その後は、主婦業の傍ら、イベント会社を起業して成長させますが、吉本興業とジョイントで始めた研修の仕事をきっかけに人材育成に興味をもち、イベント会社の経営を後輩に任せ、志縁塾の設立に至ります。

イベント会社は順調に業績を伸ばし会社も大所帯となりますが、そこで社長を続けるよりも、自分の好きなことに躊躇せず取り組みたいという思いが強くなり、独立して教育関係をやろうと決めたのです。そこで、研修会社の志縁塾をスタートさせました。それまでの人間関係がよかったせいか、大谷さんの活動を応援したいという26人の友人知人が一人当たり百万円ずつ出資してくれたそうです。

その、笑いを取り入れた独自の人材育成法は、テレビ番組の「NHKスペシャル」「天職のとびら」などにも取り上げられ、大きな評判となりました。今では、年間300を超える講演・研修を自らプロデュースして、講師塾なども運営しています。

⇣セカンドステージ――ネットワーク型独立

鮒谷周史さんは、企業勤務時代に始めたメールマガジンで、人のネットワークのすごさを知り、独自のスタイルで独立を成し遂げました。もともとは、国際的通信会社ワールドコムに勤めていましたが、米国史上に残る倒産で失業者になってしまいます。

そんなサラリーマン時代に、最初はプライベートでメールマガジンを発行していたのですが、わずか読者数百人の時期でも、すごい情報が入ってきたそうです。そこからいろいろなビジネスが始まるのですが、はじめは副業としてのスタートだったのです。

それから、メールマガジンを中心とするネットワーク型事業を始めました。試行錯誤の末に独自のビジネスモデルをつくり上げ、「平成進化論」は20万人の読者をもつ一大メディアに成長しました。

クライアントは広告主体で1500社を超え、読者とクライアントの双方に関係性をつくり上げたのです。その結果、とてもサラリーマンでは稼げない収入を手にして、自分のやりたいことを中心に、幅広い活動を続けています。

多くの人に影響を与えるオピニオンリーダーとしても活躍しながら、さらに自分への投資を続けて、新たなビジネスを模索しているのです。新しいカタチの独立ですね。今はグローバルを視野に入れた展開で、常に自らのパラダイムチェンジをめざしています。

ライフネット生命保険——世代を超えたペア独立

上場を成し遂げた新たなビジネスモデルの生命保険会社、ライフネット生命は、世代を超えた2人の経営者が立ち上げました。生命保険会社の幹部も務めた出口治明社長と、コンサルティング会社出身の岩瀬大輔副社長のコンビです。

出口社長は、日本生命保険相互会社の企画部や財務企画部で活躍したキャリアの持ち主です。金融制度改革・保険業法の改正への取り組みや、ロンドン現地法人社長、国際業務部長などを歴任した、生命保険のプロ中のプロです。

退社後にネットライフ企画株式会社を設立して、代表取締役に就任しました。その後、生命保険業免許を取得して、ライフネット生命保険株式会社に社名を変更します。

パートナーである若手経営者の岩瀬さんは、商社に勤める父親の転勤で、小学生より外国で生活したそうです。大学在学中に司法試験に合格しますが、弁護士をめざさずにボストン・コンサルティング・グループに就職します。

その後、リップルウッドなどに勤務してビジネス経験を積み、さらにＭＢＡ取得のためハーバード・ビジネス・スクールに留学するという、エリートコースまっしぐらでした。

その2人の出会いから、従来の常識を破る新たな生命保険会社であるライフネット生命が生まれたのです。2人の出会いが、新しい会社に結びついたのです。

２人は社会にさまざまな発信を続けて認知を獲得し、会社を成長軌道に乗せました。商品をシンプルにして、込み入った営業活動やコンサルティングなどを不要にしたスタイルは、見事に受け入れられました。

個人が自分で選ぶことができる保険だから、インターネットだけで販売するというモデルが成り立ち、人件費や店舗費を抑えることで手数料を軽減して、割安な保険料が実現できたのです。安心して取引できるから、多くの顧客の支持を得て、株式公開に結びつきました。

⇣ オフィスシロ――自分や周囲を応援する独立

プランニング会社のオフィスシロを起業した齊藤彩さんは、多面的な顔をもっています。なかでも特徴的なのは、多くのマスコミなどにも取材された「全日本女子チア部☆」という取り組みです。朝の通勤時間、新宿駅西口でチアリーダーの衣装を着て「みなさん、元気ですか！」と呼びかけてダンスをするのです。新宿の朝の光景として定着しました。

何かを始めたい、何かに挑戦したいと始めた活動ですが、そのころの齊藤さんには「自分を変えたい」という思いもあったそうです。

大学を卒業してテレビ番組製作会社で5年間働いたあとに、広告代理店に転職しますが、新しい仕事では、プロのなかで自分の力のなさを痛感して、逃げるように辞めてしまったそうです。

チア部を始めたのは、人から評価されることよりも、自分で決めたことを意思をもって貫きたい、という動機からだそうです。「恥ずかしい、眠い、寒い、暑い、意味がない、めんどくさい……」やめてしまいたくなる理由はいくらでも出てきますが、そんな理由に打ち勝って活動を続けることで、「自分はできるのだ」と、自信を取り戻していったのです。

「人を励ます活動でしたが、結局いちばん励まされているのは自分だとわかりました」とキラキラした笑顔で語ってくれました。本来の上昇志向の強さも戻ってきたそうです。

今では自分で会社を起業して活躍中です。そこでは、それまでの経験を生かした販促のプランニングや、商品企画などを行っています。それと併せて、赤坂の割烹で店の運営も手伝っています。大物政治家や大企業経営者などに接して、さらに視野が広がっているそうです。

これからの展開については「仕事ももちろんですが、今のテーマは勉強です。もっと大局がわかる人間になりたい。そのうえで海外展開をめざします」と考えています。

⇣シナジーマーケティング――脱・歯車型の起業

上場を成し遂げて、新たなマーケティング手法の普及に挑むシナジーマーケティングの谷井等さんは、大学在学中に阪神・淡路大震災で友を亡くし、常に全力で生きることを誓ったことが、独立起業するエネルギーになっています。

大学卒業後にＮＴＴに就職して、大型プロジェクトに配属されましたが、大組織の歯車になることを嫌い、わずか9カ月で退社したそうです。その後は家業を手伝いながら、友人と合資会社デジタルネットワークサービスを起業しました。その理由を聞いてみると、「（ＮＴＴに入社した）最初は燃えていたのですが、あまりに大きすぎて全体が見えず、いつまでたっても歯車で終わる気がしました。そこで、上司にいくつになったら決定権がもてるか聞いてみたら、早くても30歳だろうなといわれてしまいました（笑）。結局、入社9カ月目で退職することにしました」とのことです。

事業は順調に成長して、さらに株式会社インフォキャストを設立し、メーリングリストの新たなビジネスをつくり上げます。その将来性を認めた楽天から買収の申し入れがあり、事業の将来を考え売却を決意しました。

その後、インデックスデジタル株式会社を設立し、他社との経営統合を行い、シナジーマーケティング株式会社としてヘラクレス（現ジャスダック）への上場を果たすのです。

谷井さんは、若いながらも経営者として、起業、売却、M&A（企業の合併・買収）、株式公開など、とても多様な経験をしています。歯車で終わる人生を選ばなかったから、これだけの価値を生み出せているのですね。

②計画的自己実現

⇣鳥飼総合法律事務所――遅咲きの独立

税務訴訟の第一人者である弁護士の鳥飼重和さんは、なかなか勝てないといわれた税務訴訟の分野で、最初のうちは負け続けるものの、逆境でも引き下がらない流儀で研究を続けました。今は勝つほうが多くなって、平成20年から22年の3年間で、36件のうち、26件で勝訴したそうです。

鳥飼さんは、学園紛争のさなかに中央大学法学部を卒業して、司法試験をめざし受験生活に入ります。でも、なかなか結果が出ずに、お父さんの税理士事務所を手伝いながら受験を続け、なんと18回目にしてついに合格を果たしました。

お父さんは、「お前はサラリーマンには向いていない。弁護士だったらたぶん大成功するからがんばれ」「大器晩成だ」と理解を示してくれたそうです。まさに、メンター的なサポーターであるお父さんのおかげで、長い独立への道のりを歩むことができたのです。

その後、司法試験受験の講師を経て研修所に入りますが、それまでの税務や講師の経験が弁護士としての財産となっていきました。43歳で弁護士となり、経験を生かして税務訴訟で存在感を高めてきたのです。

さらに、活動を経営法務の分野に広げて実績を積み上げ、日経新聞の弁護士ランキングでは、平成17年から連続5年間ランクインを続けています。43歳からの遅咲きのキャリアを炸裂させた方です。

トレジャーファクトリー――少年時代からの起業志向

リサイクルビジネスで株式公開を成し遂げた野坂英吾さんは、子どものころからバイタリティあふれる商社マンとしてバリバリ仕事をしていた父親の働く姿、生き方にあこがれて、その父を超えたいと起業の道を志したそうです。

スポーツや生徒会への立候補、学園祭の運営など青春時代の体験を、すべて起業家としての素養を磨くことに生かして、着々と起業への階段を上っていきました。

大学生になると、低学年次からインターンシップに行ったり、ベンチャー経営者に会ったりしたそうです。そのときに受けた「50の事業アイデアを考える」というアドバイスに従い、総合リサイクルショップの運営というモデルを描いたのが、起業のきっかけになりました。

その後、多くのリサイクルショップをリサーチして、実行へのヒント・手ごたえをつかんでから、卒業後に早速1店舗目をスタートさせました。

それから試行錯誤を重ねて店舗を増やしていき、東証マザーズに上場。見事に少年時代からの夢を実現させ、循環型社会に貢献する起業家になったのです。

オイシックス――チーム起業

チームでの独立、学生からの計画的起業の事例として、オイシックスの高島宏平さんをご紹介します。高島さんはチームをとても大切にする人で、学生時代から仲間とともに目標に進む充実感を求めて、多くのビジネス体験を積んできました。

でも就職時は、起業への強い思いを胸に、世界的コンサルティングファームのマッキンゼーに勤めることにします。そこでインターネットの経験を重ね、2年後に個人の食生活をサポートするオイシックス株式会社を、仲間とともに設立するのです。とてもスピード感がありますね。

「インターネットで食品を販売するのは難しい」と周囲から疑問視されたそうですが、数多くの撤退企業を横目にしながら、ひたすら仲間と前進を続けました。その結果、同社のサービスを、国内最大規模のインターネット食品小売企業へと成長させたのでした。「食の安全性が不安視されることは異常」と安全性を大前提として、おいしさと個人への提案サービスでの差別化にまい進しています。

ビジネスをともにしていたメンバーとは、マッキンゼー時代も週末に集まって、起業の相談をしていたそうです。高島さんが強調していたのは、仲間の大事さ、仲間と起業する心強さでした。

事業は、1人ではできません。起業するときに仲間がいると、とても勇気が出てきます。「私が社長をやっているのは、それにもっとも向いていたから。仲間の一員として社長という役割を私が担っています」と高島さんは語ってくれました。

⇣ 街道文庫――趣味を生かした自己実現

旧東海道の1番目の宿場、品川宿にある街道文庫は、街道に関する本がぎっしりと詰まったマニアのための書店です。「あなたの街道歩きをお手伝いさせてください」というスローガンでこの店を始めたのは、自らも街道歩きのエキスパートである田中義巳さんです。

街道を歩き始めて30年、東海道だけでも30回以上踏破してきたそうです。

もともとはマラソンにはまっていて、より長い距離にチャレンジするために国道一号線の走破をめざし、その経験から街道に注目して惹かれていったそうです。それ以来、毎年のように旧東海道を走り続けています。

街道に関する本も集め始め、公務員として得ていた給与の6割を書籍代に費やして、蔵書を増やしていきました。その結果何と4万冊もの蔵書となり、いつかは古本屋をやろうと思い始めます。本来は再任用制度で65歳まで働けるのを断り、定年で辞めて開業することにします。

退職すると同時に、インターネットの古書店サイトに参加して、まずはネット販売から始めました。1千冊登録したところ、16冊で2万5千円ほど売れました。これは独立向けての、大きな自信となったそうです。

起業のときには、ネットではなく、実際のリアルなショップを選びました。「旧東海道沿いの宿場町で、町おこしも手伝いながらできると思いました。商店街のみなさんは喜んでくれています」と田中さんは語ります。

とはいえ、独立以来の商売は苦戦とのこと。「今はまだ時給マイナス500円です(笑)。早くゼロにもっていきたい。自分の蔵書を売っているので仕入れのコストはかかりませんが、家賃とかもありますので、早くイーブンにしたいです。独立は思ったより大変で、人生設計も狂ってきました。でも商店街のみなさんに期待されているので、使命として続けていきたい」。固定的なファンで成り立つビジネス、着実にお客さんを積み上げていくことが大事なのです。

⇣高橋笑店——地域の笑顔をつくりだす独立

高橋笑店という名前が印象的なその店は、板橋区の工場街にある「食のよろず屋」さんです。高橋英明さんは、水泳のインストラクターをしていましたが、35歳という節目に、自宅を店にして独立しました。

子どものころから水泳選手をめざしてトレーニングを積んで、現役を引退してからもコーチとして後進の育成に励んできました。でも、その仕事をずっと続けるイメージがもてず、まだチャレンジしてもやり直しがきく今のうちに独立しようという決断でした。

スポーツ指導の仕事を通じて健康の重要性を認識していたので、食への興味は強く、健康食品の製造会社に勤めていたこともあるそうです。地元はもともと工場街で、駅前にスーパーがあるくらいなため、お年寄りなどが買い物に不自由することも多いのです。高橋さんは「このままでは買物難民が増えてしまう」と考えて、今の業態を選びました。

スーパーのような薄利多売にしないため、扱っている商品にはとてもこだわりをもっています。開店のときから作り続けている自慢のパウンドケーキは、おからを材料としたものにもチャレンジしています。

おからは栄養がありますが、今は食べる人も少なく、もったいないことに廃棄されてしまっています。それを利用して美味しいパウンドケーキにするという、新たな価値を創造する商売です。

ほかにも、酵母のパンや焼き菓子、お弁当も作ります。産地から野菜を仕入れたり、天然の味を密封したカット野菜を扱ったり、ほかにはないこだわりで、地域の食に貢献しています。

「今の商売に絶対の自信があるわけではありませんが、続けていくうちに発見もあるし、新しい繋がりもできます。独立はとにかく大変だけど、とても満足できます。この商売で、1人でも多くの人が笑顔になってくれれば嬉しいです」。

地域を支え、地域に支えられる、そんな独立もいいですね。

③発展的社会貢献

⇣ 三重県知事——政治への志

政治家も、1つの独立の姿ですね。若くして三重県の知事に当選した鈴木英敬さんも、自分の生き方をダイナミックに全《まっと》うしている1人です。

鈴木さんは学生時代から、人の役に立つことをめざして、国家公務員の道へ進みました。大学を卒業して通商産業省（現経済産業省）に入省し、新規産業創出、人材政策などに携わり、若者支援のジョブカフェ、構造改革特区、1円起業などの話題の政策にかかわってきました。

独自の活動として、官庁横断の「スーパー公務員養成塾」も立ち上げて、縦割り行政の壁を越えて活躍し、当時からマスコミなどに取り上げられました。

安倍内閣の時代には官邸スタッフとして仕事をして、そのときに日本の政治のあり方に疑問を感じて、具体的に政治家の道を志すことにしたそうです。

最初は三重県から国政選挙に出馬しますが、残念ながら落選してしまいます。しかし、2011年に三重県知事に見事に当選。若手知事として、産業振興、行財政改革などを戦略的に行って、地域の経営者として大活躍です。

鈴木さんは「夢や志をもつということは、ある種当たり前の前提として、それを実現するために日々全力を尽くせるかどうかです」と語ってくれました。自分の目標を実現するには、日々の積み上げが大事なのです。

エヌ・イー・ワークス――地域愛起業

空気がとてもおいしい、島根の奥出雲にある会社です。社長の三澤誠さんは地域に貢献する強い意志をもっている経営者です。

高校卒業後に、最初は社会福祉協議会に就職して、広島の企業が地域に工場進出するという情報を得ると、地域を盛り上げたい三澤さんは、思い切った行動に出ます。自らその仕事にかかわるために進出予定企業に転職して、地元への工場進出を実現するのです。しかし、残念ながら、企業本体の法人解散が決まり、地域からの撤退を余儀なくされてしまいます。

そのときに撤退する会社から、その工場を経営してみないかという話をもちかけられます。そこで、地域の雇用を守るために自ら経営者になる道を選び、家族の大反対を押し切って27歳で起業を成し遂げたのです。

もちろん、十分な資本をもっていたわけではありません。十分な志があっただけです。それでも、多くの人が応援してくれて、経営に乗り出すことになりました。地域の雇用を守るための、若手起業家の誕生です。

最初は、電子部品製造と製造業派遣で成長しますが、景気の後退で業績が伸び悩み、食品製造という新事業に乗り出す決断をします。そこで手がけたのは「お花のお菓子」で、それをメイン商品として自ら流通開拓を行い、事業確立に挑んだのです。

それが話題になり、多くのマスコミなどに取り上げられ、大手百貨店や生活協同組合が取り扱ってくれました。現在三澤さんは、いつも全国を忙しく飛び回っています。

浦和フットボール通信社——地域と浦和レッズを虹色にする

浦和を愛する2人の青年の、浦和レッズのサポーターズサイトでの出会いからスタートしたのが、株式会社浦和フットボール通信社です。椛沢佑一さんと村田要さんが起業した同社は、地域に貢献する新しいビジネスモデルとしてユニークな存在感を発揮しています。

もともとは村田さんが「浦和レッズについて議論するページ（浦議）」をインターネット上に立ち上げ、それが月間30万人（UU）を超えるほどの人が訪れるサイトに成長しました。そのユーザーだった椛沢さんと意気投合して、一時期は2人とも別の会社に就職するのですが、だんだん夢が大きくなり起業へと至ります。

2人は、浦和レッズと同時に浦和の街も大好きで、サッカー情報をもっと町の人々に伝えて、その盛り上がりの広がりで浦和レッズも街も虹色にしようというものです。

スキルの足りないところは中小企業診断士などの支援を仰ぎ、市が主宰するニュービジネスコンテストで賞を取り、思いはだんだん具体化していきます。

広告型のビジネスとして、フリーマガジン『浦和フットボール通信』を創刊して、スタジアムなどで配り始めました。でも、広告だけで存続するのは難しく、イベントの開催、読者からの課金など、ビジネス化についていろいろな可能性にトライしています。浦和レッズともタイアップして、ファンとレッズ関係者の交流会なども開催し始めました。

「やはり独立してよかった。サラリーマンのような安定感はありませんが、やりたいことを自分の責任でできる爽快さがあります。最初に3年続けば会社は続くといわれましたが、おかげさまで5年続きました。ビジネスの可能性の広がりも実感しています。テーマであるサッカーを通じた街の活性化はぶれていません」と代表の椛沢さんは語ってくれました。地域とスポーツの振興をめざす取り組みは、全国でもいい事例になるはずです。

みのりｃａｆｅ――障がいを生かし人と人をつなぐ

東京の根津でカフェを始めた鈴木信行さんは、生まれてからずっと背骨の病気である「二分脊椎症」を抱えて、足がうまく動かずに感覚障がいがあります。でも、その障がいがつくりだした環境があったからこそ、カフェをスタートさせ、さらに活動を広げることができたのです。

高校時代には、患者会である「全国二分脊椎症児者を守る会」の活動に積極的に参加して、200人もの参加者を取りまとめていました。そこでは自分自身も障がい者だからこそ、できることがあると感じます。しかし、大学3年生のときに「精巣腫瘍（がん）」を発症するという、新たな試練が襲います。就職後も闘病が続きますが、もち前のプラス思考で乗り越えて、医薬品会社に就職してビジネスマンとして活躍します。

そのうちに、高校時代に患者会でやったイベントのような空間を、町中につくりたいという思いが高まり、人と人をつなぐようなカフェを開くことを考え始めます。そして、13年あまり所属した会社を辞めて、起業家セミナーなどで学び、みのりｃａｆｅをオープンしました。

コーヒーマイスターの資格を取得して、おいしいスペシャルティコーヒーを提供すると同時に、イベントカフェとしてコーヒーセミナーや店舗開業セミナーなどを、自ら講師になり実施しています。当初は売り上げに苦労しましたが、今は地元の人だけでなく、遠隔地からくるお客さんたちにも親しまれて、順調に推移しているそうです。

最近では、患者と医療関係者の連携をめざす市民団体「患医ねっと」を結成しました。看護大学で非常勤講師も務め、医療関係のイベントもしかけています。「人と人をつなぐのが自分のコンセプト。起業は大変だけど楽しいものです。障がいがあったからこそ、多くの人とかかわれました。いまは障がいが楽しいとも思えます。多くの患者さんたちにも自立してほしいので、イベントなどの活動を拡大していきたい」と鈴木さんは語っています。

④計画的社会貢献

ケアプロ——健康に貢献するために起業

これから伸びるであろうといわれている医療分野で、斬新なビジネスモデルで起業したのが川添高志さんです。そのモデルは、ワンコイン健診。健康診断は受けたいけれど、時間がとれない、保険証がない、費用が高いなどの理由でなかなか受診できてない方々向けに、ワンコイン、つまり500円から受診できるサービスを行っています。

東京都の中野に最初の店舗を出店して、その後横浜にも出しました。事業の80パーセントはイベントや駅中の臨時出店で、企業などの依頼を受けて行っているそうです。「ちょっと立ち寄り、ちゃんと健康」というコンセプトのもとに展開している、今までにない革新的なサービスです。予約なし、保険証なしでいつでも受診できて、検査結果もその場でわかります。

川添さんは、高校生のときにお父さんのリストラをきっかけに起業を決意して、医療と経営を学ぶため慶應義塾大学看護医療学部に進学しました。そこでのインターンなどで、早くに検診を受けていれば重病にならずにすんだケースを見て、それを解決したいと考えたのです。

大学時代に米国で研修を受けるなかで、Retail Clinic や In-Store Healthcare などの簡易検診の業態を知りました。在学中より経営コンサルティング会社に勤務したあとに、東京大学病院で看護師として勤務しつつワンコイン健診・ケアプロの事業を構想し起業を実現しました。

そのモデルは、さまざまなビジネスプランコンテストで表彰されました。直営店とイベントでの拡大戦略でさまざまな壁を乗り越えて、100万人受診をめざしています。日本の健康に貢献する、医療分野のイノベーターなのです。

ままともや——夫婦で始めた地域住民と農家への貢献

長谷部正規さんと敏子さんのご夫婦が始めた宅配八百屋「ままともや」、そのきっかけはおすそ分けだったそうです。敏子さんの実家が農家を営んでおり、その新鮮な野菜を息子の幼稚園のママ友におすそ分けして喜ばれたのが、起業につながります。

正規さんは、長年勤めた出版社を退職してビジネスを始めようとしていたところだったので、夫婦での起業となりました。今は家庭の食べ物を応援する店として、手ごたえとやりがいを感じているそうです。

「会社にいて達人のようなビジネスマンになるのは、容易ではありません。でも、独立してフルに自分の力を出して働いていると、この道の達人になれる気がします」と語ってくれました。

自宅がある東京都中野区の住宅街で、敏子さんが携帯メールで入荷情報を伝え、お客さんからの注文に応じて配達するというモデルです。正親さんは週末に敏子さんの実家で野菜を収穫し、ほかの農家からも商品を仕入れて、それを自宅に持ち帰り宅配しています。お客さんに直接野菜を手渡すなかで、顔が見える信頼関係が生まれています。農家であり、流通業であり、また消費者である主婦の目線ももつところが強みで、それが信頼につながっているのです。

2人は、やりたいことをやることにこだわっています。課外活動を銘打って、八百屋の商い以外にワークショップなどを開催しています。テーマは「消しゴムはんこ作り」「天然酵母パン教室」などで、ママ友同志で教え合っているそうです。幼稚園でのイベントなども開催しています。

敏子さんは「もともと大手企業で働いていたのですが、自分は歯車の1つと思っていました。でも独立してみると、どんな仕事も会社を運営するうえで大事なんだということがわかりました」と話してくれました。

夫婦で地域の方々と、やりたいことをやる独立。「この仕事を続けるほど私たちも幸せになるし、お客さんも幸せになれると思います」という天職を見つけたカップル独立です。

⇣ETIC（エティック）——ソーシャル起業の草分け

全国的なネットワークを築き上げてきた、NPO法人ETICは、本当に日本各地に影響を与えています。

代表の宮城治男さんは、早稲田大学において1993年に、学生起業家の全国ネットワーク「ETIC学生アントレプレナー連絡会議」を友人と創設しました。でも、一緒に立ちあげた友人たちは、自ら起業家をめざし離れてしまいます。

それでも宮城さんは、支援の活動に道を見出して、長期インターンシップなどに独自で取り組むのです。2000年にNPO法人化させて、代表に就任しました。事業としては、社会的課題に挑戦する起業家の支援や、起業家育成などが主なものでした。

2006年には「JNBC第1回ニッポン新事業創出大賞・経済産業大臣賞」という、大変名誉ある賞を受賞しました。起業家の育成やビジネスコンテスト、さらに地域コミュニティ活性化支援などに取り組む、ソーシャル・リーダーとして活躍しています。

宮城さんが笑いながら語ってくれたことがあります。

「起業家支援をしてきたので、何人も億万長者を見てきました。でも私たちは自転車操業で、苦労しながら経営しているんです」。お金以上のやりがいを受け取っているのです。

宮城さんがもっともこだわりをもっているのは、起業家精神だそうです。起業家精神をもって社会にチャレンジしていく、向き合っていく人を育てるとか、そういう人が育つ環境をつくることをいちばん大事にしているそうです。まさに、若きソーシャル・リーダーの心意気ですね。

「育て上げ」ネット——若者支援の旗手として

「育て上げ」ネットは、若者支援において日本を代表するNPO法人です。理事長の工藤啓さんは、日経ビジネスで日本の次代を作る100人にも選ばれました。

工藤さんは大学在学中に、海外旅行で知り合った台湾の方との出会いで留学し、そこで現代社会が抱える社会問題の深さを知ったそうです。ビジネスを学ぶためにアメリカへ留学して、そのときの経験から自ら事業立ち上げを決意するのです。

工藤さんの場合、お父さんもNPO法人を起業して若者支援を行っていたので、身近な教師となったのでしょう。帰国後、自分1人で若者支援のための任意団体を設立して、公的な事業への提案を始めました。案ずるより産むがやすし、すばらしい行動力ですね。

その後は若者支援の旗手として、多くの若者や支援団体に影響を与える存在となりました。政府などの委員も頼まれて、政策にも影響を与えています。

工藤さんが立ち上げたNPO法人育て上げネットは、若者支援から親の支援、そして学校教育分野へと活躍のフィールドを広げており、1人で立ち上げた組織を60人規模のNPO法人に成長させたのです。

最近は、公共事業に加え、企業との連携などにより、さらに成長をめざしています。若者支援の活動はもちろん、NPO法人という新たな働き方の確立でも、多くの若者に影響を与える存在ですね。

事例からの学び

ここに紹介した以外にも、多くの独立起業した方とお会いしてきました。そのうえで強く感じるのは、「独立起業を左右するのは、条件よりも意志」ということです。条件が整ってから独立するのではなく、強い意志があるからこそ、高い壁を乗り越えていけるのです。

でも、無謀なチャレンジというわけではありません。難しいことですが、みなさんしっかりとしたプロセスを経ています。若くして独立した方々は、学生時代などからも一定の準備や経験を経て独立しています。中高年での独立起業も同じです。

世の中に独立を希望している人は、じつは多いのです。私自身、若者のキャリアを支援していても、「いつかは独立したいです」という人が意外に多いと感じています。とはいえ実際に踏み切る人は多くはありません。覚悟と準備が追いつかないのです。覚悟と準備なき独立は、絶対におすすめできません。

逆にそれがしっかりと備わっていれば、思い切って独立することをおすすめします。チャレンジャーがいないと、世の中進化しませんから。日本の雇用を支えているのは、じつは大企業ではなく成長意欲のある中小企業や新たに起業した会社です。国の経済活性化には、起業のダイナミズムが必要なのです。

また、事例をみて改めて感じたのは、独立をもともと強く意識していなくても、キャリアの延長でそれに踏み切るケースが多く、発展的独立が目立ったということ。自分のやりたいことを追求していくと、有力な選択肢として独立が出てくるのです。

独立起業は一部の人の冒険談ではなく、リアリティがあるキャリアの選択肢の1つです。それを選択するかどうかは、あなたの準備と覚悟次第ということですね。

第3章

独立への道

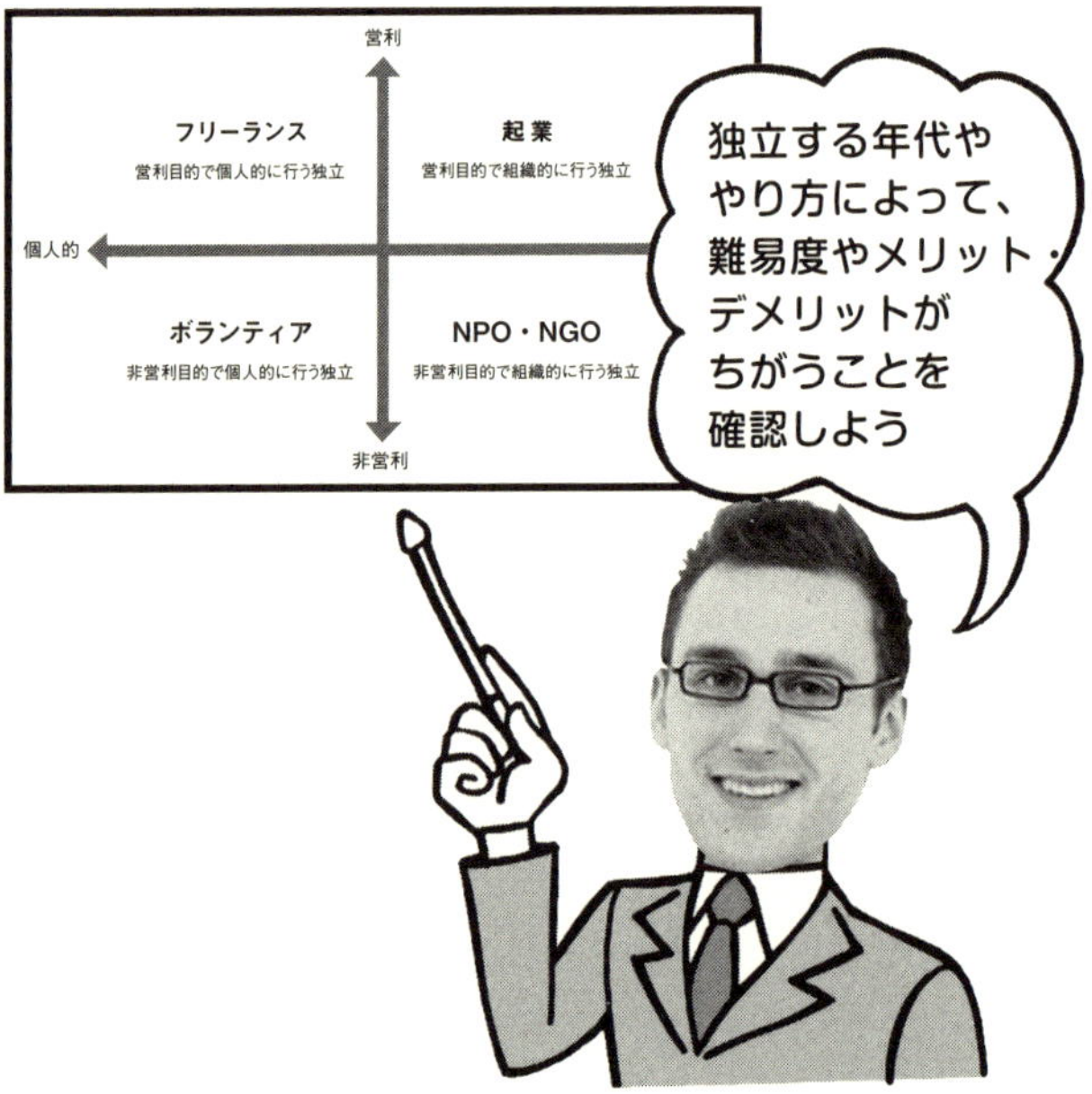
営利
フリーランス
営利目的で個人的に行う独立
起業
営利目的で組織的に行う独立
個人的
ボランティア
非営利目的で個人的に行う独立
NPO・NGO
非営利目的で組織的に行う独立
非営利
独立する年代や
やり方によって、
難易度やメリット・
デメリットが
ちがうことを
確認しよう

負担の軽い独立から重い独立まで

いろいろある、ライト級からヘビー級までの独立

独立といっても、軽い気持ちでできる低リスクのものから、大組織をめざして本格的に行うものまでいろいろ。また、独立の動機も「一国一城の主」「経済的・社会的な成功をおさめたい」「一発当てたい」といった勇ましいものから、「組織に合わない」「宮仕えに疲れた」「自分流でやりたい」という自由志向やアンチ組織的なものまで人それぞれです。

それぞれのニーズ、条件に合わせたやり方があるので、この章ではいろいろなバージョンを紹介したいと思います。

まずは、難易度でランク付けします（71ページ図「独立の難易度分類」参照）。ボクシングやレスリングのウエイトにたとえて、ライト級、ミドル級、ヘビー級で分けてみましょう。

ヘビー級の独立とは、組織をつくる起業ですが、それはさらに3つに分けられます。

また、人数や金額の多寡での2軸で分類することもできます。さらに、年次によるちがいや、キャリアの発展型としての独立、偶発的な独立などの状況別な独立もあります。

そのような独立の多様性を述べるとともに、それを行ううえでの重要な要素である、アントレプレナーシップ（起業家精神）についても言及したいと思います。

ライト級の独立＝フリーランス

まず、いちばんの軽量級であるライト級の独立としては、1人でほとんどお金もかけずに行うフリーランスがあります。極端に言うと、名刺を作って仕事を受ければ、それでフリーランスとしての独立になります。また、最初にフリーで独立してから、そのあとに起

独立の難易度分類

ライト級		フリーランス
ミドル級		NPO、NGO店舗ビジネス
ヘビー級	ジュニアヘビー級	零細規模の企業
	ミドルヘビー級	中小規模の企業
	スーパーヘビー級	拡大志向の企業

業したりするような、起業の「キャリアパス」としての意味合いもあるようです。

フリーランスというと多くの人が、作家、デザイナー、カメラマン、ディレクター、プロデューサー、編集者、音楽家などのクリエイター的な仕事を思い浮かべるでしょう。たしかに、もっとも自由人といったイメージが強く、多くのフリーランサーがいる職業ですね。でもそれだけではありません。保険などで多い個人営業代理店、設計や開発などの独立技術者、さまざまな分野での経営コンサルタント（マーケティング、ファイナンス、ヒューマンリソースなど）、弁護士、弁理士、会計士、税理士、社労士、診断士といった資格をベースに独立する専門家（士業）、研修やセミナーなどを請け負う独立講師、企業の外部パートナーとして個人で契約するコントラクターなど、多くの形態があるんです。

社会貢献的な分野としては、有償ボランティアもあります。なかなか十分な収入にはつながりませんが、その分やりがいや充実感があります。非金銭的報酬というものですね。

社会起業家という言葉がありますが、そのような形態は、今世紀に大きく増加するでしょう。その独立のやり方も、もっと多様化していくはずです。収入の手段も、受益者の負担から、公共での負担、寄付などの有志からの負担など、多様な形態が考えられます。ぜひ、新しい方法を考えてみましょう。

ミドル級の独立①＝ＮＰＯ・ＮＧＯ

ミドル級の独立の代表格には、ＮＰＯ・ＮＧＯがあげられるでしょう。フリーよりは組織立った行動ができて、かつ本格的な起業よりは少ない金額負担でできるものです。

ＮＰＯとＮＧＯの明確な区分はありませんが、非営利団体と非政府団体という区分が、国内での活動か、海外での活動かということで、になっているようです。ここ数年で大変増えてきましたね（下図「ＮＰＯ法人累計認証数推移」参照）。

そのポイントは参加者の志にありますが、それに頼ってばかりの運営ではいけません。そういう「こころざし搾取」的なケースも見かけますが、じつはＮＰＯ・ＮＧＯとて起業

NPO法人累計認証数推移

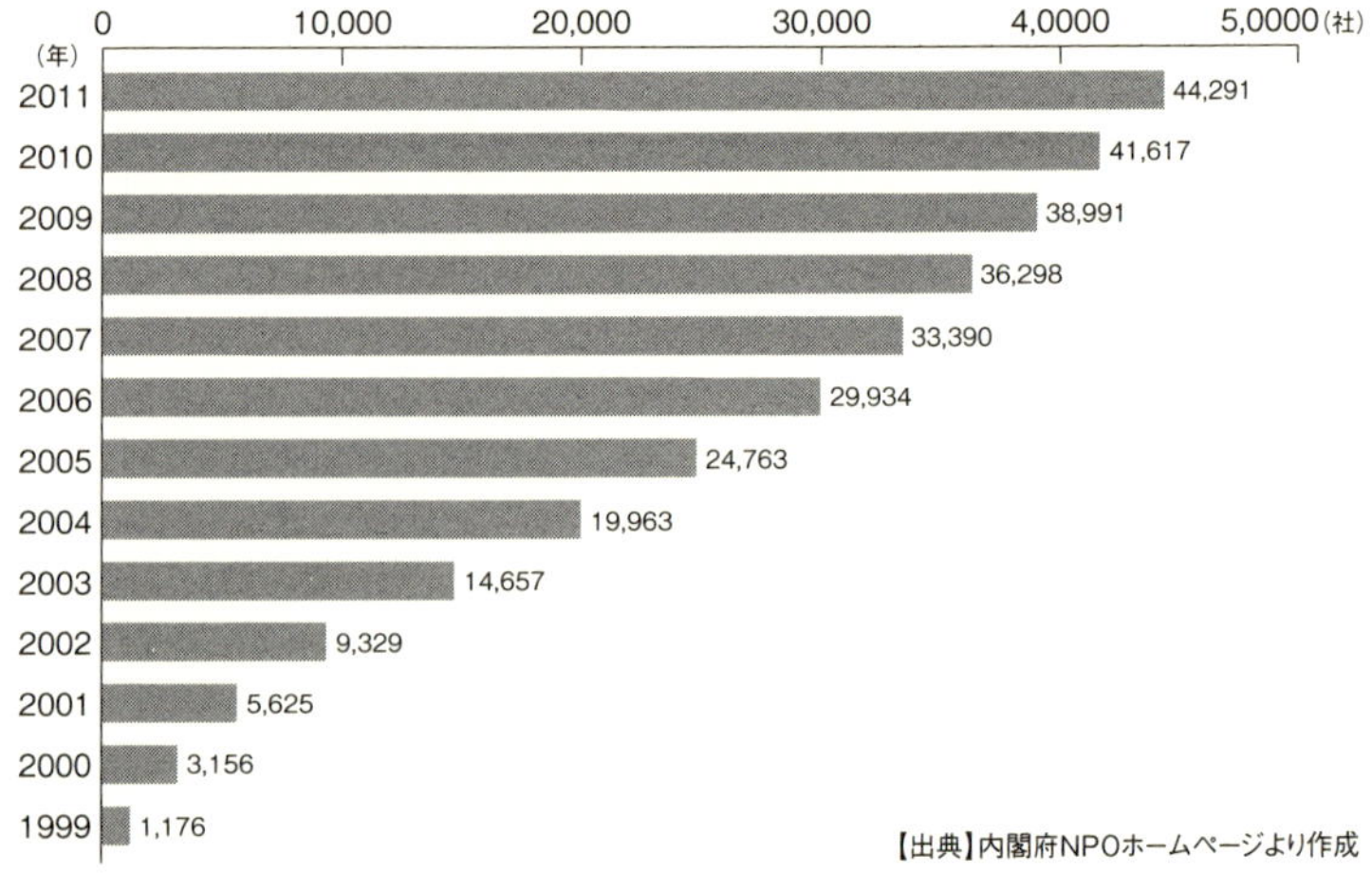

【出典】内閣府NPOホームページより作成

の一種であり、しっかりとした収益計画や資金繰り計画がなければ成り立たないのです。「新しい公共」といった言葉も出てきていますが、これからの社会においてNPO・NGOへの期待はとても大きいのです。

まだまだ増えるでしょうが、今後はその経営内容が問われるのではないでしょうか。

そのつくり方については、一般的な起業に近いものがあります。手続きなどはちがいますが、自らの事業を行ってそこで収益を上げることができなければ、極めて脆弱な経営体質になってしまいます。できる範囲で小さくスタートして、少なくとも資金的にマイナスにならないような展開が必要です。

ミドル級の独立②＝店舗ビジネス

もう1つのミドル級の独立の代表格として、店舗ビジネスをあげたいと思います。まずは自分で切り盛りできる、1店舗からスタートできることがメリットです。イニシャルコスト（初期投資）はフリーランスよりはかかりますが、それさえ用意できれば、あとは運営しやすくなります。

うまくいけば多店舗展開も可能で、さらにうまくいけばノウハウをパッケージ化して、フランチャイズ展開もできます。それによって大きく成長したところも少なくありません。でも2店舗目でつまずくケースも多いので要注意です。

店舗ビジネスのいいところは、楽しみながらできるところかもしれません。自分で店をつくるときは、細かいところに自分なりのこだわりが発揮できて、学校の図工の時間のように、自分のアイデアでつくり上げる楽しみがあります。

自己表現、自己実現しやすい世界ですね。1人でもスタートできますし、家族や少数のパートなどの力を借りてのスタートも可能です。その手軽さや自由さが魅力なのです。

飲食関係で働く人では、いずれ自分の店をもつというのが目標になっているケースが多いです。小売ビジネスの会社員でも、フランチャイズ制度を活用して独立することもあります。フランチャイズはイニシャルでの負担が比較的少ない、近代的な独立のやり方です。

ジュニアヘビー級の独立＝零細規模の起業

ヘビー級の独立としては、やはり起業ということになります。でも、起業のなかにもさらにランク分けがあり、ジュニアヘビー級は1人もしくは少人数でやっていくような零細規模の組織で、どちらかというとミドル級に近いものです。ミドルヘビー級は普通の中小企業であり、これがもっとも一般的に言われる起業に近いかもしれません。そして、スーパーヘビー級は上場をめざすような拡大志向の起業です。

少数でやっていく組織としては、ＮＰＯ・ＮＧＯや店舗ビジネスもそれに該当するかもしれません。でも、この場合は一般企業の起業をイメージしています。5人以下の企業のことを零細企業と言いますが、その数はとても多くて、国や自治体も支援の対象としています（77ページ図「企業の分類」参照）。

企業の立ち上げも、やり方はいろいろ。経営者が1人で立ち上げて、家族など周囲の人が手伝うようなコンパクトなやり方は、人件費がかからないのでやりやすいものです。パートやアルバイトという、流動性の高い非正社員の雇用でスタートするやり方もあります。それが、ジュニアヘビー級的なやり方ですね。私もそのやり方でした。

メリットはリスクが少ないことです。いろいろとようすを見ながら、身の丈に合った経営ができます。明確なビジネスモデルがない場合や、経営者の力量を資本に運営していく場合には、このやり方がいいと思います。

ミドルヘビー級の独立＝中小規模の起業

ヘビー級3分類の真ん中であるミドルヘビー級の独立としては、立ち上げからある程度めざすべきビジネスモデルがあり、複数の社員を雇用してスタートするものです。

この場合は、月々の一定の固定費が発生するので、イニシャルコストを抑えて、ランニングコスト（運営経費）を考えておく必要があります。一般的には3カ月～半年分の固定費を用意しておく必要があるといわれています。

会社がスタートしてから売上が上がるのは短期間かもしれませんが、その入金の時期が大事なのです。通常の企業は、月末請求分を翌月末に払うのが普通です。つまり、すぐに売上を上げても、その入金は2カ月目の末となり、3カ月目の資金にしかならないのです。

ましてや、最初から売上が見込める商品がない場合は、さらに遅れていくことになります。だから、その間のランニングコストをあ

企業の分類

中小企業の定義	
製造業・その他	資本金の額又は出資の総額が 3 億円以下の会社　又は常時使用する従業員の数が 300 人以下の会社及び個人
卸売業	資本金の額又は出資の総額が 1 億円以下の会社　又は常時使用する従業員の数が 100 人以下の会社及び個人
小売業	資本金の額又は出資の総額が５千万円以下の会社 又は常時使用する従業員の数が 50 人以下の会社及び個人
サービス業	資本金の額又は出資の総額が５千万円以下の会社 又は常時使用する従業員の数が 100 人以下の会社及び個人
小規模企業者の定義	
製造業・その他	従業員20人以下
商業・サービス業	従業員 5人以下

【出典】中小企業庁「中小企業・小規模企業者の定義」

らかじめ用意しておかないと、起業してすぐに資金ショートという状況になります。

自己資金がかぎられている場合には、銀行や公共資金からの借り入れが必要となります。

その辺もしっかり押さえておきましょう。半年くらいの見通しが立たない場合は、人を採用して固定費を増やすことは控えたほうがいいでしょう。他社とのアライアンス（業務提携）を考えるなど、スタートアップのやり方を考えておくべきです。

⇣ スーパーヘビー級の独立＝拡大志向の起業

スーパーヘビー級の独立は、事業の拡大や株式公開をめざして行われるものです。これは難度が高いので、実力・実績のある経営者、成功確度の高いビジネスプラン、豊富な資金と人材といった条件が必要になるものです。

一般的にこれを1人で担うのは難しく、複数のパートナーとの連携での独立か、エンジェル（個人投資家）や企業などのあと押しが必要となります。

ある程度の資金も必要なので、出資者を募ることが必須条件になります。スタートアップから共に努力してくれるような、目的を共有できる人材も必要です。そのような出資者や人材を集めるためにも、しっかりとしたビジネスプランが必要になるんです。

そういった拡大志向の会社には、「デスバレー（死の谷）」という恐ろしいハードルが立ちふさがります。それは、創業間もない時期に商品開発などの、結構な投資額が必要となりますが、その入金まで時間がかかる状態です。つまり、キャッシュフローの谷間です。有望な事業ほど投資額がかさむので、より深いデスバレーになります（下図「デスバレーとは？」参照）。

そのようなキャッシュフローの谷間を乗り越えるためにも、それを見越した具体的なビジネスプランが必要になるのです。併せて一定の顧客を、スタート時から確保しておきたいものです。その辺の詳しい説明は、第5章に譲りたいと思います。

デスバレーとは？

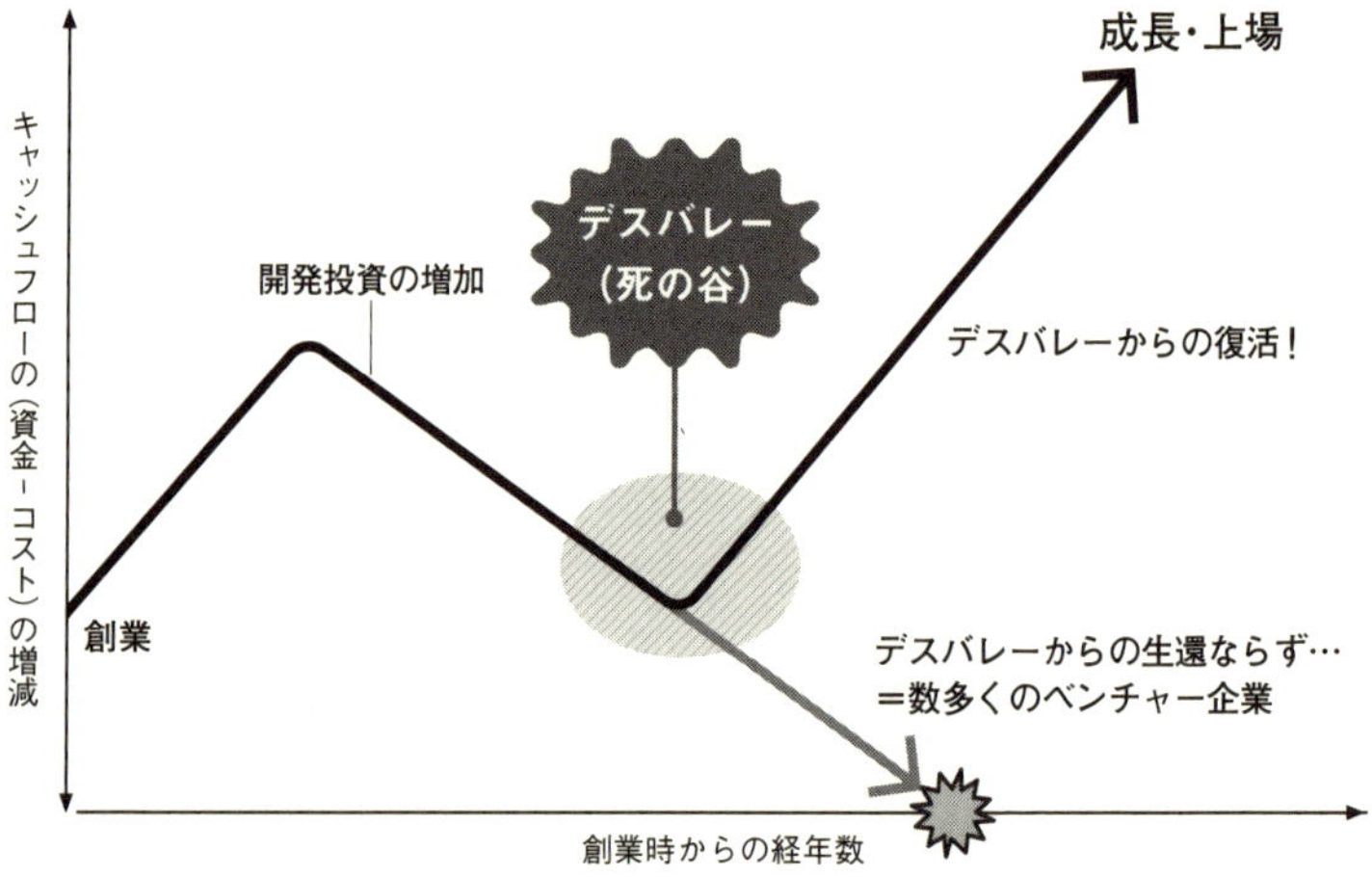

あれこれ独立考

⇣独立の方向性4分類

独立する際には、どのような形態を選ぶべきでしょうか。営利目的か非営利か、組織的にやるか個人的にやるかという2軸で分類してみました（81ページ図「独立形態4分類」参照）。

組織的に営利目的でやりたいなら、やはり会社の起業ということになります。とくにスピード成長をめざすなら、ベンチャービジネスなどという形態になります。日本の事業所の99・7パーセントは中小企業ですが、じつはその企業群が日本の雇用を支えているんです。多くのチャレンジャーが新たな雇用を生み出し、日本経済を支えているのですね。

同じ組織的にやるのでも非営利目的でいきたいなら、NPOかNGOという選択になります。もっとも、非営利目的でも、その存続のためには収益が必要ですから、やはり公共事業の受託や自主事業による収益、もしくは寄付などを集める仕組みが必要になります。

目的ではなく手段として営利追求が必要になるのです。

組織をつくらずに個人で営利を追求したいなら、フリーランスでの独立ということになります。

リスクが少なく自由に自分のやりたいように、組織のしがらみに縛られずにやりたいという人にはこのスタイルが当てはまります。自分の力次第では、結構な高収入も可能になります。

個人的でも営利を追求するつもりがない人で、非営利で社会貢献などがやりたい人は、ボランティアということになりますね。十分な資産があるとか、黙っていても入ってくる収入がある人などの場合です。

ふつうは収入が必要でしょうから、ボラン

☞独立形態4分類

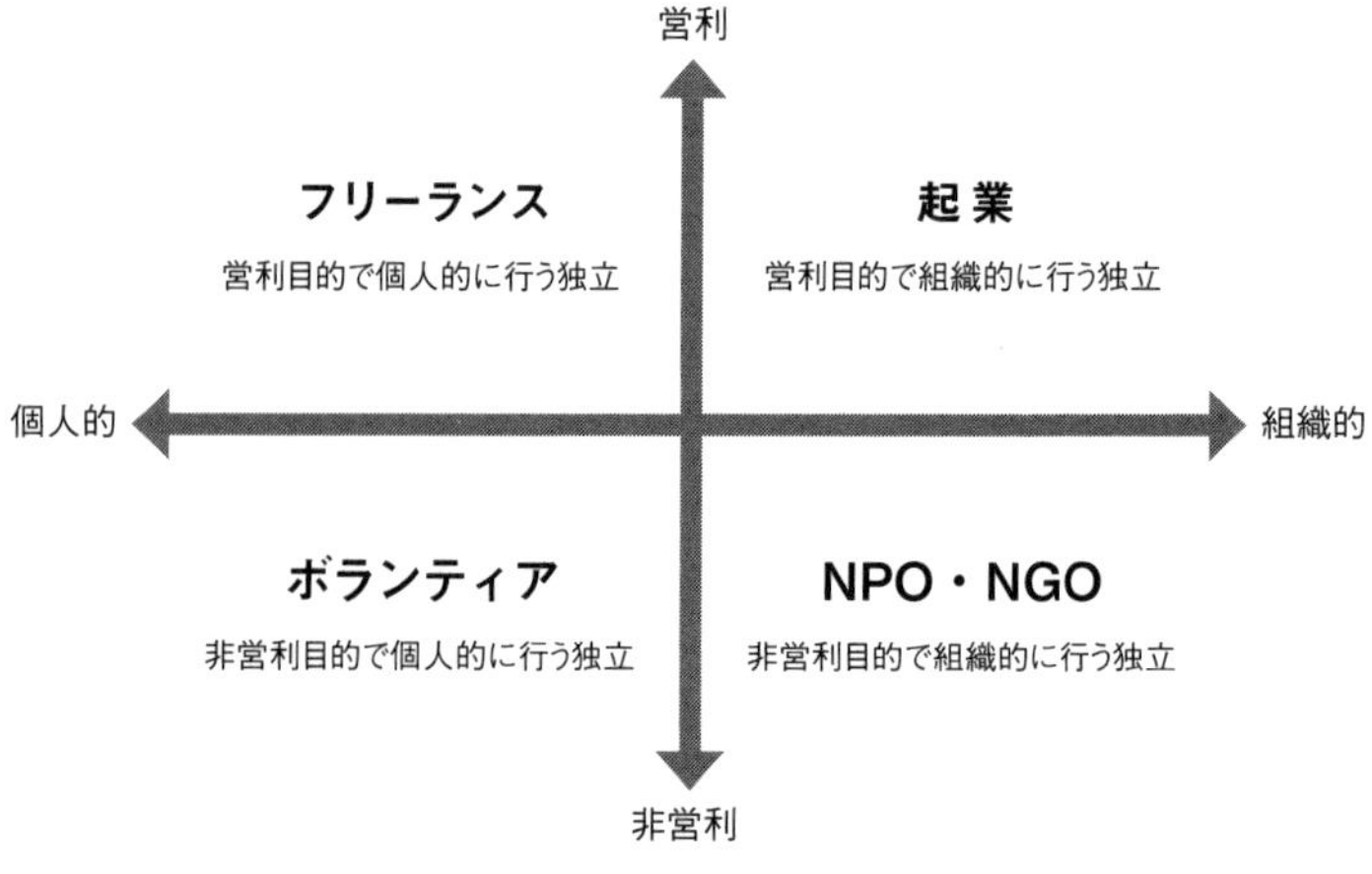

ティアだけというわけにはいきません。日本ではまだこのスタイルは多くなく、一時的にやる人がほとんどでしょうね。

いずれにしても、独立するためには、自分という資本をしっかりと生かさなければなりません。それを生かすためにすべきことは多々あります。どのような「独活」が必要かを年代別に見てみましょう。

「独活」の世代別の相違点

年代別に「独立」のあり方もちがってきます。それを、ヤング・ミドル・シニアの3世代での「独活」として見てみましょう。

それぞれの年代でどのようなちがいがあるのでしょうか。それをリソース（独立に使える資源）、能力、時間、役割の4つで見てみましょう（83ページ図「年代別特徴」参照）。

リソースについては、年代が進むほどに蓄積が増えていくものです。お金、人脈、物質（土地や設備など）に加えて知的資産（技術・ノウハウなど）が大事です。それらの蓄積は、一般的には独立に有利に働きます。独立する時点でのリソースは、シニアのほうがずっと大きいものです。

では、独立するのにヤングは不利なのでしょうか？　そんなことはありません。リソースを補って余りあるものがあります。それは、意欲・体力・行動力といった能力です。さらに、独立に特化して使うことができる時間です。時間は、誰にでも1日24時間しかありませんが、ムリがきくヤング世代は、その時間を目いっぱい使うことができるのです。ミドル世代は、リソース・能力・時間などをバランスよく使える世代です。

役割とは、仕事やプライベートで果たすべき、その人に期待されている社会的な役割をさします。仕事における管理職や役員などのリーダー、家庭における世帯主や親というもの、そのほかに社会活動をしている方もいるでしょう。そのような役割は、独立する際に考慮すべきポイントになります。

年代別特徴

	ヤング	ミドル	シニア
リソース	×	○	○
能力	△	○	△
時間	○	×	△
役割(負担)	○	△	△

使える時間に強みがあるヤング独活

若い世代での独立は、どうしても、やってみなければわからないという冒険的なものになります。でも、その冒険する意欲と行動力こそが若さとも言えるのです。学生起業も目にしますが、リソースがなくても小さくスタートして、あとは行動しながらリソースを充実していくというやり方もあります。

意欲と熱意で行動すると、応援したいという人も現れるし、共に行動したいという仲間が現れやすいのも、ヤング世代の特権です。行動することによって、多くのリソースを手に入れることができるのです。

ヤング世代の何よりの強みは、行動しながらどんどん成長することです。その成長が事業の成長につながるのです。役割的にも体力的にも、24時間のうちかなりの時間を「独活」に注ぐこともできるので、時間の使い方も強みになるはずです。

ヤング世代のもう1つの強みは、時代の進化、新しいニーズなどに対する感性の鋭さと、それへの順応性ですね。インターネットの登場以来、そのビジネス化に成功しているのは、圧倒的にヤング世代です。新しい領域で市場ができると、そこでの起業は成功の確率が高いものです。

そのような感性・柔軟性・吸収力を生かして独立している例は、とても多いものです。

新しい時代を切り拓くのは、そういった若者のパワーです。とはいえ失敗も多く、できるだけリソースを確保してから独立することをおすすめしたいですね。

成功の確率が高いミドル独活

ミドル世代は「働き盛り」と言われるほど、仕事において充実した世代ですね。それだけに、独立を成功させる力はとても高いと考えられます。リソースも充実しており、意欲・行動職も十分、新しい時代への感性や柔軟性ももっています。満を持した独立として、成功させているケースはよく聞きます。

仕事で培った人脈は、まさに今が旬という状況で、資金調達力や必要な技術・知見なども備わってきています。独立に向けて有効な情報も、入手しやすい立場にあります。それだけでなく、体力・気力とも充実してきており、独立後もパワフルに行動できます。

自分で積極的に動くだけでなく、交渉力を生かして、他者を効果的に動かすこともできます。組織のなかでのリーダーシップやマネジメント力も身に付けており、社会的な信用力も伴ってきて、独立するための条件がそろってくる世代なのです。

当然、成功の確率は高まりますが、半面、やりたいことのスケールもアップするので、リスクも大きくなる世代といえます。大きく失敗するのも多い世代です。

しかし、独立するうえでは、組織のなかでのリーダーとして、家庭においても親や配偶者として、自分だけの都合で進退を決められないような役割（負担）をもつ世代です。独活の時間もかぎられます。独立したいもののそれが許されない状況、失うものが大きい世代でもあります。しっかり計画的な独立が望まれますね。

リソースが豊富なシニア独活

シニア世代は、組織のなかでの役割もそろそろ終盤になり、むしろ若手世代にポジションを譲らなければならなくなります。子どもも大きくなり家庭での役割も終わりつつある、自分のやりたいことを追求できる世代ともいえます。

まだまだ元気に働けるのに、日本には定年というものがあるので、60歳から65歳で会社を辞めなければなりません。大手企業の場合には役職定年などというものもあり、なんとなくもう終わりですという雰囲気も漂うものです。

でも、時間をかけてそれまで培ってきたものは大きく、独自の技術・ノウハウ・経験をもち、信頼できる人間関係も保有しています。置かれた状況、独立するためのリソースから見ると、独立に対する障壁の少ない世代といえるのです。

しかし、健康や気力の問題などが気になり、なかなか踏み切れない人も多いでしょう。

若者ならいくら失敗しても、やり直せる気力・体力、そして時間がありますが、それがかぎられてくるのがシニアです。だから、失敗しない独立をしなければなりません。つまり、一般的にシニアでの独立は、リスクの少ない方法で気楽にやるのがいいと思います。

自分の専門分野を生かしてやりたいこと、できそうなこと、おもしろそうなことを、経験やリソースを使って自分レベルでやること。それがシニア世代の一般的な「独活」です。

キャリアの進化としての独立

キャリアというと、一昔前まではキャリア官僚とかキャリアウーマンといった、組織のなかでバリバリ活躍する人のイメージでした。でも、ここ数年でキャリアという言葉もすっかり定着した感があります。小学校から大学まで、キャリア教育も導入されています。

キャリアとは、狭くとらえると仕事人生、広くとらえると人生そのものです。職業生活を軸として、家庭生活や社会活動などを視野に入れて、その設計などを行うことをキャリアデザインと言います。

日本におけるこれまでのキャリアデザインでは、どんな職業を選ぶか、どんな組織を選ぶかということが想定されていた気がします。独立というのは、特殊な世界という見られ方をしていました。宮仕えが最上という価値観が歴史的にあるのでしょう。

キャリア形成のなかで一度独立をして、また組織人に戻るという事例も、よく目にするようになりました。一度経営や組織運営、自分の名前だけで勝負するという経験をすると、その後組織でもいい仕事ができるようになるんですね。独立するとわかりますが、短期間でものすごく凝縮した仕事ができます。自由さの半面、それを守るための必死さも生まれるのです。その切羽詰まった体験が、個人を成長させることになります。

独立は、ある意味多くの人のあこがれでもあると思いますが、まったく興味ない人でも独立してしまうことがあります。ネガティブな理由としては、会社の倒産やリストラにより、行き場がなくなり独立を選ぶケース。ポジティブな理由としては、ひとかどの専門性や人脈をつくり上げた結果から、独立の声がかかるケースがあります。

キャリアというのは、多くの偶然性で形成されていくという面もあります。その意味では、予期せぬ独立というケースも、高度成長期や安定成長期と比べ、現在の低成長時代では多くなるでしょう。それならば、積極的に独立という選択肢を、キャリアデザインのなかで描いていっていい時代だと思います。

ITは独立に不可欠

どんな業界で独立・起業するにしろ、それを効果的に実行するには、ITのパワーを活用するしかありません。IT抜きでの事業の成功は、難しいともいえます。なかでも、インターネットやクラウド、ソーシャルネットなどの活用は効果的です。そのような分野で独立することも、成長しやすいモデルになります。楽天、サイバーエージェント、GREE、ディー・エヌ・エーなど近年急成長している企業は、ネット関係が多いですね。

ITが必要なのは、それにより効果的、効率的、省力的に独立できるようになるからです。個人的であろうと組織的であろうと、独立の際に大いに力を発揮します。

効果を発揮するのは、とくにコミュニケーションにおいてです。外部とのコミュニケーションにおいては、ホームページやブログ、ツイッターなどのソーシャルネットワークを活用すると、24時間稼働する営業マンとして活躍してくれます。内部のコミュニケーションにおいても、インターネット電話、携帯でのメーリングやソーシャルネットワークを活用すると、その密度が劇的に上がります。

効率性については、少ない手間で多くの人に発信できる点や、情報を共有できる点があげられます。スケジューラーやオンラインストレージ、スマートフォンやタブレットPCを活用した同期化などにより、ビジネスの効率化が劇的に進化します。

省力化という意味では、それらのことが低コストで実施できるところです。インターネット電話のスカイプなどを使えば、無料での打ち合わせも可能です。オンラインストレージのドロップボックスなどを組み合わせれば、どこにいてもパソコンさえあれば会議ができます。少ない人数でも大きな成果を得ることが得できるレバレッジ効果こそが、IT活用のメリットなのです。逆にITが使いこなせないと、独立の難度が増すとさえいえるのです（91ページ図「IT用語解説」参照）。

グローバル独立の時代

独立というと、これまでは国内を想定したケースが多かったと思います。グローバルを意識した独立は、一部の大手商社の営業やメーカーの技術者といったところが中心でした。

日本の高度成長期から安定成長期までは、世界第2位の内需に支えられた内需依存型の独立が多かったと思います。しかし、バブル崩壊後の低成長期において、デフレも進展し、少子化の影響もあり、内需での企業間競争が激しくなってきました。もはや内需だけで日本の成長を支えることはできません。

もちろん、中国に抜かれて世界第3位になったとはいえ、まだまだその内需はかなりの

IT用語解説

クラウド・コンピューティング	従来のコンピュータ利用は、ユーザーがコンピュータのハードウェア・ソフトウェア・データなどを、自分自身で保有・管理していた。それに対し、クラウドコンピューティングでは、ユーザーはインターネットを通じて必要に応じてサービスを受け、サービス利用料金を払う。
テクノロジーソーシャル	SNS(ソーシャル・ネットワーキング・サービス)やブログ、YouTube・Ustream など、インターネット上で不特定多数のユーザーが情報の発信、共有などのコミュニケーションを行うこと
オンラインストレージ	インターネット上にデータファイルを保存することで、複数のパソコンやスマートフォンでファイルを利用できる。自動で同期されるため、一つのファイルを更新するとその他のパソコンやスマートフォンのデータも更新される。Dropbox や GoogleDrive、Microsoft SkyDrive などが主要なオンラインストレージサービスである。
インターネット電話	サービス利用者間では通話料がかからないというのが特徴。通話以外にチャットも利用できるのが一般的。PC にソフトをインストールし、カメラとマイクを設置することで簡単に利用ができる。無料でテレビ電話を利用できるため、遠隔地とのミーティングなどの活用法がある。主なサービスは Skype や Google Talk など。
Google カレンダー	Google 社が提供する、無料で利用できるオンラインスケジュール管理ツール。オンライン上で、各スタッフがスケジュールを入力し、公開・共有することで、いつでもどこでもスケジュールを確認することができる。携帯電話からも手軽に利用できる。
Evernote	Evernote はオンライン上のノートブックである。インターネットに接続していれば、いつでもどこでもメモを取ったり確認できる。また検索も容易で、メモの所在がわからなくなってしまうこともない。また、画像の文字認証機能があるため、名刺や会議の資料などをスキャンをして取り込んでおけば、検索できるようになる。

もので、韓国の5倍以上、ドイツとフランスを足したくらいあるのです（93ページ図「GDPランキング」参照）。だから、知恵を使えばニッチはいくらでもあり、そこでの独立も十分可能でしょう。

とはいえ、それはかつてのような成長市場ではありません。これからの日本の成長は、アジア市場にあります。多くのビジネスが、アジアを視野に入れた展開をし始めています。普通の中小企業でも、アジアを対象としたマーケティング、資材調達、人材採用、資金調達を余儀なくされます。

そんな時代を先取りして、アジアを視野に入れた独立を考えてみましょう。まだまだこれからの市場なので、今からでも遅いことはありません。

グローバルには3段階あります。真に世界展開するグローバル（トヨタ、パナソニックなど）、アジアを領域に活動するアジアサイズのグローバル、日本にいながらアジアマーケットを狙う内なるグローバルの3段階です。

そのうち、アジア領域での活躍、日本にいながらアジアマーケットを狙うという独立者が増えるでしょう。そのためには、英語力とアジア文化の理解が不可欠ですが、それにも増して重要なのは、日本文化の理解とそれを誇りに思う気持ちだといわれます。これは、多くの海外経験者が語ることです。まずは思い切って飛び出すというのも1つの手です

☞GDPランキング

順位	国	GDP（単位：100万USドル）
1	アメリカ	15,094,025
2	中国	7,298,147
3	**日本**	5,869,471
4	ドイツ	3,577,031
5	フランス	2,776,324
6	ブラジル	2,492,908
7	英国	2,417,570
8	イタリア	2,198,730
9	ロシア	1,850,401
10	カナダ	1,736,869
11	インド	1,676,143
12	スペイン	1,493,513
13	オーストラリア	1,488,221
14	メキシコ	1,154,784
15	韓国	1,116,247

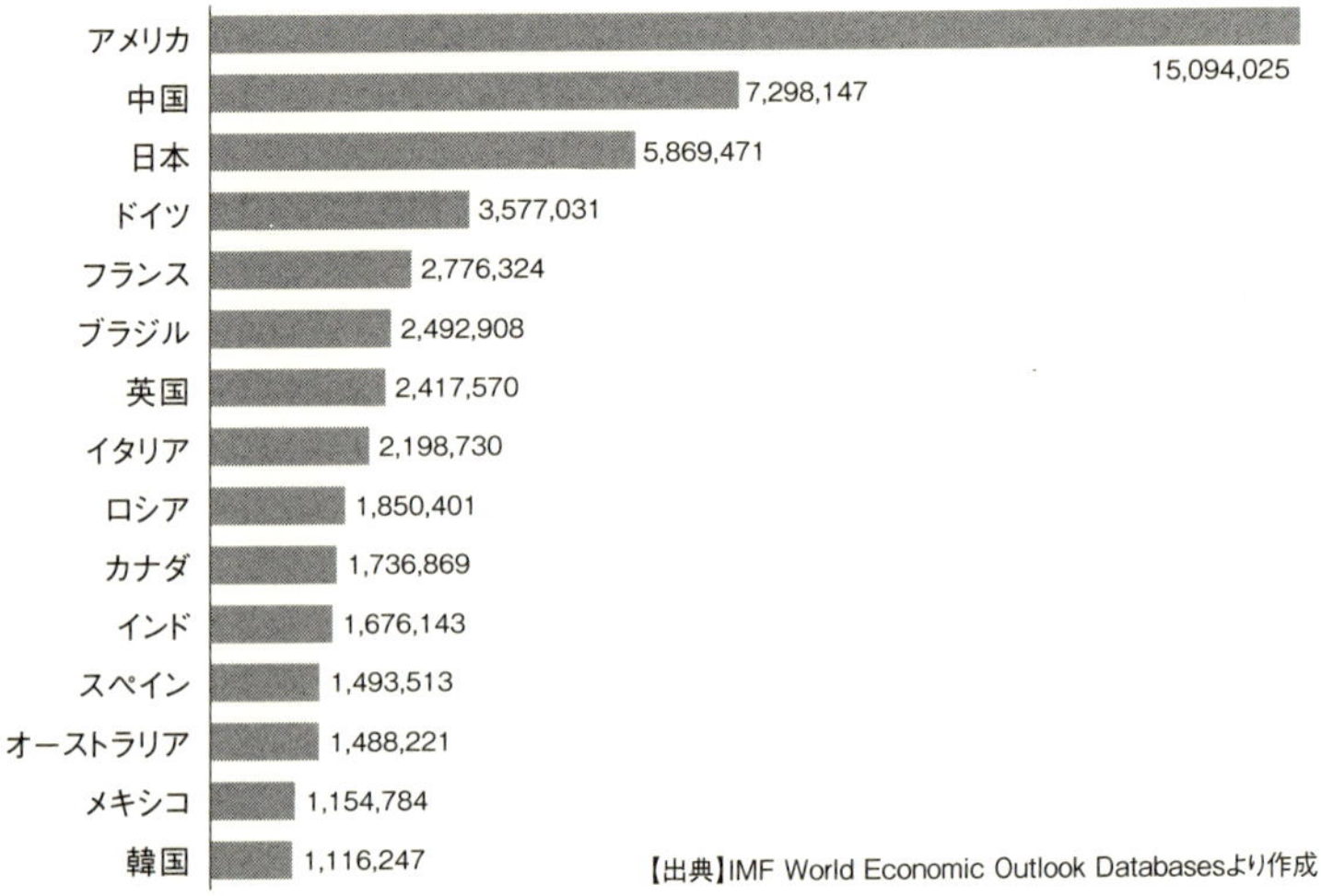

【出典】IMF World Economic Outlook Databasesより作成

ね。

事業を考える発想術

「独活」の際には、既存の組織に加わるのとちがい、何らかの自分なりの事業アイデアが求められます。単に自分を売り込むものから、世の中にないビジネスモデルを生み出すものまでありますが、いずれにしろ自分なりのアイデアが、独立の出発点になるはずです。「はじめに独立ありき」と、何でもいいから独立したいという動機の人もいます。独立を意思決定してから事業を発想するケースですね。逆に「はじめにアイデアありき」の場合もあります。やりたいことが出てきて、それを実行するために独立するケースです。

いずれにしろ、アイデアを出さなければ独立はうまくいかないものですが、どのように発想すればいいのでしょうか。これについては、「SMART」に発想するということを心がけてください。Specific（具体的）、Measurable（測定可能）、Action-Oriented（行動を表す言葉で）、Realistic（現実的）、Time-Limited（期限が明確）という意味です。「具体的」にとは、5W2Hを意識して考えるということです。誰に、いつ、どこで、何を、なぜ、どのように、どれくらいでということです。「測定可能」とは、数値的な目標などを入れることです。「行動を表す言葉で」というのは、行動プランを併せて考えると

☞アイデア発想法

ブレーンストーミング	アレックス・オズボーンが、1939 年に開発した自由にアイデアを出す会議手法。ルールは、「批判しないこと」「自由奔放な意見を大事にすること」「質より量を重視すること」「アイデアの便乗を歓迎すること」の4点。
KJ 法	事実・意見・アイデアなどを、一度カードや付箋紙などに記述し、これを人間の直観力で図解・文章に統合することで、創造的なアイディアを生み出したり、問題の解決の糸口を探ってゆく。
なぜ5回	さまざまな問題に対して、「なぜ問題が起きたのか?」「なぜ気がつかなかったのか?」といったように、「なぜ?」という問いかけを繰り返し、掘り下げていくことで、表層的な原因ではなく、根本的な原因が見えてくるという考え方。
マインドマップ	トニー・ブザン氏が 1970 年代の初めに発案、提唱した思考・発想法。頭の中で起こっていることを目に見えるようにした思考ツールで、中心から放射状に重要な事項を書き連ねるので、読みやすく理解しやすい。また、型にはまらない自由な書き方をするため、自由な発想ができるようになる。
ロジックツリー	ロジックツリーは物事の全体像を階層的に把握するのに役立つ手法。結果に対してその原因を掘り下げることや、目的を実現するための手段を具体化していくことに用いることができる。ロジックツリーを作る際には、全ての可能性が網羅され、かつ重複がないことが重要である。
ブレイン・ライティング	個人の独自性を生かしつつブレインストーミングの長所も生かす手法で、議論をせずに紙にアイデアを書きだしていく。原則6人の参加者で、3つずつアイデアを各自が考えて、5分以内で用紙に記入し隣に回すというプロセスで進行してゆく。

いうこと。「現実的」とは実現可能ということ。「期限が明確」とは、いつまでにやるかの日付を入れることです。

そのうえで、さらに「差別性」と「収益性」の2つの味付けを加えてください。差別性とは、ほかの企業がやっていないことはもちろん、自分の強みが生かせる、ニッチ市場に対応している、大手ができない、参入障壁がある（マネしにくい）などを考えることです。

収益性とは、現状だけでなく将来の成長可能性も含めて、お金を出してくれる顧客は誰か、顧客に提供する価値は何かを考えることです。

⇣アントレプレナーシップ（起業家精神）とは

多くの起業家やフリーランサーに会ってきて、そこに共通する能力をまとめてみました。大きく3つの要素が基本です。それは、マインド（意思）、スキル（能力・とくに思考力）、アクション（行動力）です。それは自動車でいう燃料、ステアリング、エンジンのようなものです。それを組み合わせて、自動車を動かしていくように独立するのです。

これをひと言で言うと「考動力」と表せます。意思をもって考えながら行動することです。この言葉を覚えておいてください。そのほかに重要な要素として、ポジティブシンキング（前向き思考）、楽観主義、注意深さ（先読み）、人間関係力、自分の人生へのこだわりなどがあげられます。

独立するということは、障害物競走のようなもの。予期せぬ、答えのない問題が降り注いできます。それに対応するには、自分の意思決定を信じて、現在ある材料で自分なりの仮説を立てて、決断して進むしかありません。とくに起業のスタート時は、そのような問題が多々起こります（98ページ図「開業前の予想との相違」参照）。

スタートアップ時は、足りないものだらけです。それを補うのは、思考と行動しかありません。そのほかには、社会や顧客のニーズに気付く洞察力、現状に満足しない問題意識が求められます。そのうえで、人間関係力を生かし、メンターやパートナーなどの協力者をもつことですね。

そのようなアントレプレナーシップを身に付けるのは、もって生まれた先天性というよりも、育ってきた環境・働く環境のほうが大きいのではないでしょうか。もっと言うと、独立の意志さえあれば、ほかの要素はあとからついてくるものかもしれません。

☞開業前の予想との相違

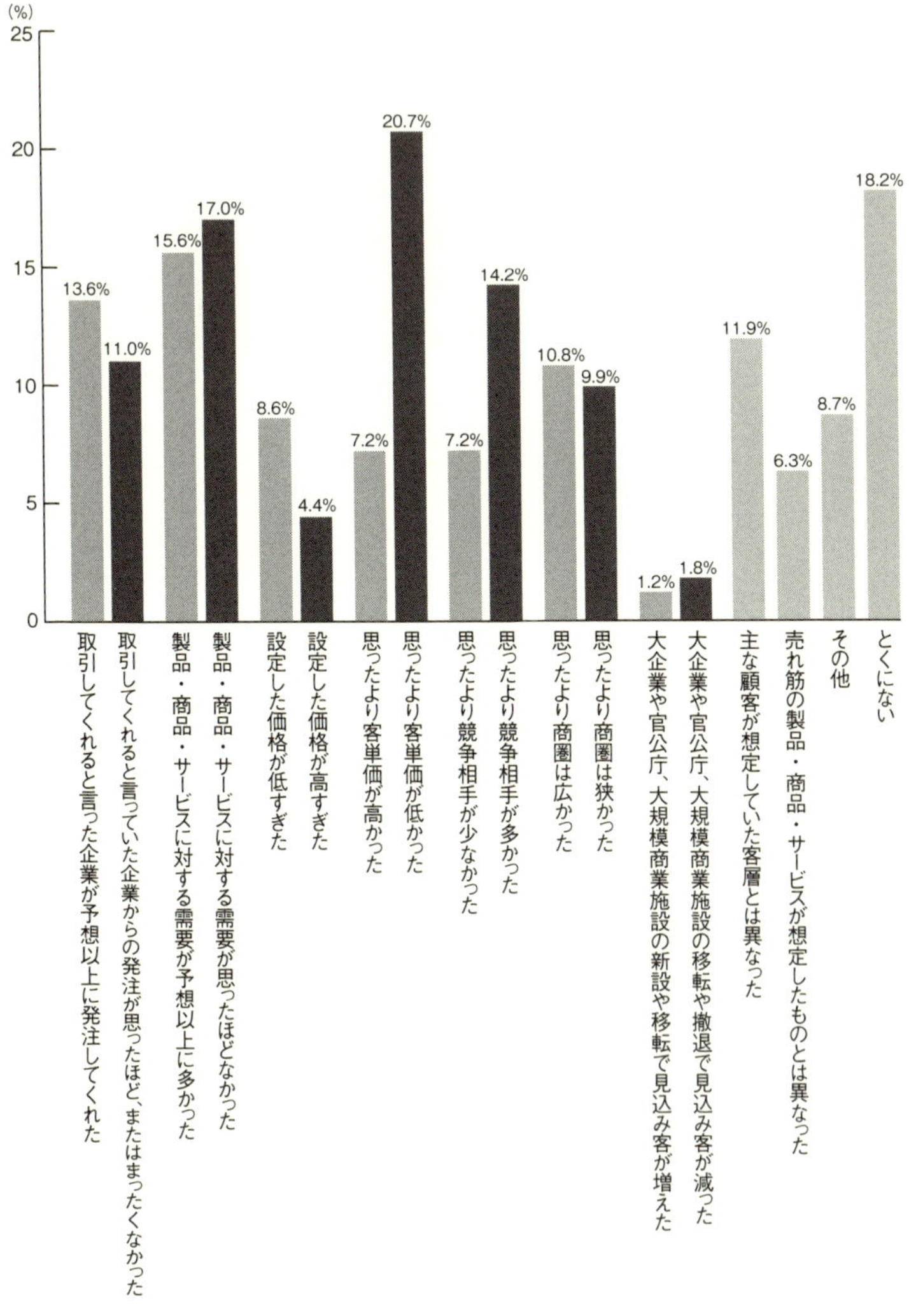

(%)
25
20
15
10
5
0
13.6%
11.0%
15.6%
17.0%
8.6%
4.4%
7.2%
20.7%
7.2%
14.2%
10.8%
9.9%
1.2%
1.8%
11.9%
6.3%
8.7%
18.2%
取引してくれると言った企業が予想以上に発注してくれた
取引してくれると言っていた企業からの発注が思ったほど、またはまったくなかった
製品・商品・サービスに対する需要が予想以上に多かった
製品・商品・サービスに対する需要が思ったほどなかった
設定した価格が低すぎた
設定した価格が高すぎた
思ったより客単価が高かった
思ったより客単価が低かった
思ったより競争相手が少なかった
思ったより競争相手が多かった
思ったより商圏は広かった
思ったより商圏は狭かった
大企業や官公庁、大規模商業施設の新設や移転で見込み客が増えた
大企業や官公庁、大規模商業施設の移転や撤退で見込み客が減った
主な顧客が想定していた客層とは異なった
売れ筋の製品・商品・サービスが想定したものとは異なった
その他
とくにない

第4章

リスクの少ない小規模独立を考える

はじめの一歩はフリーか個店

手軽な独立の代表2パターン。

第一に、組織でやるか個人でやるかを選択

前章で、独立の仕方4分類を提示しました。本章では、その4分類のうち個人的にやっていく独立、なかでも、フリーランスと個店について見ていきます。組織的にやっていくことを選択する場合は、第5章以降を参照してください。

独立のスタイルを決めるには、いろいろな着目点があると思います。基本的には自分のそれまでのキャリアの延長として、やりやすいスタイルを選ぶのが妥当でしょう。でも法人向けの仕事をしていた人が、個人向けの商売がやりたくなって個店をオープンするということも、よく聞く話です。法人向けの商売経験を生かして、独自のマーチャンダイジング（商品戦略）で成功したりしています。それまでの経験を商品・サービス開発に生かし

ているのです。

法人向けのビジネスを選ぶなら、フリーランスという形態になるでしょう。この場合はその分野での強みや実績がないと、法人は仕事をくれません。フリーランスのよさは自由度であり、拡大をめざすには不向きですから、拡大志向の人は起業をめざしたほうがいいでしょう。将来の方向性によっても、形態は変わってきます。

プロのスポーツ選手も個人事業主、つまりフリーの1形態といえます。普段は特定のチームと契約していますが、契約解除によりフリーエージェント状態になることもあります。デザイナーやライターといったクリエイター職種でも、そのように特定企業と専属的な契約をすることもありますね。そのような契約社員的なフリーランスもあるんです。

個人向けに商品を販売したり、サービスを提供しようとすれば、まずは個店ビジネスからスタートすることが多いでしょう。いきなり多店舗展開というのは、よほど資本力がないと難しいもの。でも、その個店がうまく当たり、ほかの地域でも展開できそうだということになると、実績をベースに比較的容易に多店舗展開できることもあります。

また無店舗販売としてインターネット販売や通信販売、移動式販売などの形態もあります。実際の店舗をもたないのであれば、かなりローコストでのスタートが可能になるのです。

リスクは金銭面よりも健康面

人に頼れないことを計算に入れる。

事業開始時にお金がかかる個店

独立の仕方として、多くの人がフリーランスや個店を選択する大きな理由の1つは、金銭的な負担が少ないからだと思います。とはいえ個店の場合は、初期投資がある程度必要なことになります。

リアル店舗をかまえる個店の場合は、商売を始めるにあたって、什器などある程度の設備をそろえる必要があります。店舗を借りるなら、月々の家賃だけでなく敷金・礼金を支払わなければなりません。物販であれば商品の仕入れも必要となります。

このように店舗型の事業は、初期の段階である程度まとまった資金が必要になります。どんなに小さく始めても、数百万円はかかるでしょう。そのため、自己資金に余裕がなければ、借金というリスクを負うことになります。

⇣ 自分が倒れたら事業が止まる

個店の借金といっても、何人も人を雇って興す起業（第5章参照）と比べたら、その金額はまだ抑えられます。独立の際に、国や自治体からの助成金などを利用できれば、さらに負担は軽減できます。

一方、フリーランスの場合は、業種にもよりますが、ほとんどお金をかけずに独立することも可能。強いて金銭的なリスクをあげるとすれば、会社員時代より収入が減ったり不安定になったりする恐れがあることでしょう。つまり、自分の収入の範囲でしかリスクがないのが、フリーランスでの独立です。

そのため、フリーランスや個店の場合は、金銭面よりも健康面でのリスクを意識すべきです。なぜなら、会社などの組織とちがって、いざというとき自分の仕事を肩代わりしてくれる人がいないからです。

自分が倒れたら事業が止まってしまうのですから、体調には十分に注意する必要があります。そうならないためにも、独立後の定期健診はもちろん、独立前にメンタルも含めて予防・治療できるところはしておくということも考えましょう。

起業準備としての独立

起業前の様子見。

お試し的独立も1つのやり方

まずは当面の仕事を成功させなければ、次のことを考える必要もないわけですが、フリーランスや個店で独立したら、ずっとその仕事を続けていこうと思っている人は多いでしょう。

しかし、同じ仕事を続けていくだけが道ではありません。「先々で本格的な起業をするための準備として、まずはフリーランスや個店で独立する」というのも1つの方法です。起業する前にフリーでやってみるとか、複数店舗を展開する前に1店舗出してみるといったことですよね。

極力リスクを避けたいなら、会社勤めを続けながら就業時間外や週末に副業としてやってみて、いけそうなら起業するという方法もあります。休んでいる暇はなくなりますが、自分の将来のためと思えばやりがいがあります。

お試し的にやるのなら、アルバイトやボランティアもいいでしょう。とくに個店で独立することを考えている場合は、アルバイトなどで体験するのは、非常に勉強になります。インターンシップを受け入れてくれる企業やＮＰＯ法人もあります。

個店はネット上の店舗から始める

個店を副業で行う場合は、リアル店舗では副業の範疇を超えてしまうので、インターネット上の店舗などになります。ネット通販を、本業の勤務時間以外とか週末にやるなどです。個人で並行輸入をしている人や、趣味の品や持ち物を売買している人も結構いるものです。

こうしたインターネットの活用は、個店ばかりでなく、フリーランスでの独立でも必須の時代になりました。ビジネスマッチングのサイトで、ちょっとした業務の請負先を探すケースもよく見ます。そんなところから、できる範囲で始めるのも、１つのやり方です。

独立プロセスの基本形

フリーと個店の共通プロセス。

独立をスムーズにする4ステップ

フリーランスと個店。いろいろちがいはありますが、両者に共通した、スムーズに独立するための流れがあります。その流れの基本形をつかんでおけば、独立も成功しやすくなるでしょう。

スムーズな独立の流れの基本形をかんたんにいえば、①意志を固める→②情報を集める→③準備をする→④スタートする、という4つのステップです。

じつはこのステップは、第5章の起業と同じ流れです。ただし、フリーランスや個店での4ステップは、起業と比べてそれぞれ非常にライトなものです。ヘビーな4ステップについては第5章に譲りますが、フリーランスや個店での基本形をざっと紹介します。

⇣自分を振り返り、成功事例を集めてマネる

独立プロセスの基本形である4ステップ、まず①意志を固める、についてです。比較的軽い独立の仕方とはいっても、やはり独立に踏み切るというのは、それなりの思い切りが必要です。とくに会社など組織に属している人は、安定した収入を捨てるのですから、覚悟がいります。扶養家族がいたらなおさらです。そのため、この機会にあらためて自分を振り返るなど、やるべきことがあるわけです。

②情報を集める、ですが、起業の場合は、成功するためのファクターが非常に複雑で、マーケティングやマネジメントなどいろいろな情報が必要になります。しかし、フリーランスや個店の場合は、そこまで必要ではありません。必要なのは、成功事例でしょう。ですから、③準備をする、は成功事例をマネる準備をすればいいわけです。もちろん個別事情に合わせて自分で考えなければなりませんが、基本的には成功者のマネが効果的。そこに自分なりの工夫を積み上げるのが、確実で早道です。

最後の④スタートする、ですが、本書としておすすめするのは、なるべくリスクの少ないミニマムスタートです。小さく産んで大きく育てる発想です。

以上それぞれのステップについて、次から具体的に解説していきます。

意志を固める

ポジティブに考えて決断する。

成功イメージをもつ

独立プロセスの基本形の最初、①意志を固める、についてやってほしいことはいくつかありますが、1つは、ポジティブイメージをもつことです。独立にはどうしても不安がつきまといますが、「不安があるからやめよう」では、いつまでたっても組織から離れられません。うまくいくと思ってこそ、独立への一歩を踏み出せます。

独立前にもつべきポジティブイメージというのは、事業がうまくいったときのイメージや、望むモノを手に入れたときの自分をイメージするということです。

また、成功した自分の姿をイメージして、それを目標にするといいでしょう。そういうめざすものをもっている人のほうが、成功する確率が高いのです。何となく流れていくと、何となくの成功しかありません。目標があるからこそ必死の努力が生まれ、必死に努力するからこそ成功を手にすることができるのです。

意志を固めるときに思い浮かべるポジティブイメージでは、成功イメージを生き生きと、ビジュアルで思い描くというのがコツです。成功を画像にして頭にインプットしておくと、いつでも鮮明に思い浮かべることができます。

たとえば、店舗のビジネスで華々しく成功したいなら、お店が超満員で長い行列ができているイメージをもつなど。フリーランスの場合なら、すごい名声を得て、自分が記者会見を受けているとか、何かの授賞式に出席しているなどです。

ビジュアルでなく、具体的に年収いくらなど数字でももちろんOK。数字の場合はとてもリアルなので効果的です。とにかく、ありたい自分の姿を具体的に、鮮明に思い描くことです。企業経営の世界では「ビジョン」といわれるものがそれに当たります。

⇣ 自分を知る

成功するイメージをもったうえで、次に現実に照らし合わせます。自分のもっている制約条件、前提条件を考えるということです。

たとえば、家族がいたらこのぐらいの時間は家族にさかなければならないとか、資金はこのくらいだからこれ以上の規模でスタートするのはムリだ、などといった具合。時間や使えるお金だけでなく、何かをやるための能力やノウハウ、経験や社会的ポジションなども含め、有形無形の自分の資源（リソース）を考慮しましょう。

とくにここでは、有形の財産よりも無形の財産のほうが重要。自分の能力の棚卸しを、独立前にきちんとやってみてください。能力の棚卸しを見誤ると、独立できる能力もないのに会社を辞めてしまって、独立してから途方に暮れるということになりかねません。

稼ぐ能力に加えて人脈の棚卸しも大切です。誰が仕事をくれるのか、協力してくれそうなのは誰かなど。具体的に棚卸しをしておく必要があります。要するに、等身大の自分を知るということですね。過大でも過小でもなく、リアルな自分を自覚しましょう。そのうえで足りないものを補う、現実的な努力が大事なのです。

フリーランスや個店は、他人の力を借りず、基本的には自分1人と少数のアシスタントでやっていく商売。ですから、自分自身が商品であり資本であるということになります。今の自分に何ができるのか、どこまでできるのかをきっちりと把握しましょう。そうしてこそ独立する決心がつき、足りないところを知ることで正しい努力も生まれるのです。

このとき、人生のゴールなども含めて、自分がどうありたいか、なぜ独立するのか、リスクテイクする価値があるのかを、今一度振り返ることが大事です。

ダメなら就職し直せばいい

自分がもつ制約とリソースを確認し、それでも独立に踏み切る価値があると判断できたら、独立への決断をします。

決断をするとき、悲壮な決断というよりは、わくわくするような決断をしたほうがいいと思います。それがポジティブに考えるということですよね。

それに、1人での独立、とくにフリーランスの場合は、独立してダメでも、もう一度会社などの組織に就職すればいいわけです。「甘い考え」と言う人もいるでしょうが、人生では、やり直しがきくものです。だからこそ思い切ってリスクテイクができるのです。

起業の場合は、再就職すると周囲から失敗したと見られるし大きなマイナスイメージを背負うので、かんたんに「就職し直せばいい」とはいえません。後戻りするのも強い抵抗を感じることが多いでしょうし、負債の問題を引きずったりするかもしれません。

しかしフリーランスなら、もう一度会社に就職したからといって失敗したとは思われないものです。むしろ、優秀だからそこの会社に引っ張られたんだととられるかもしれません。さらに、多額の借金を負うことは少ないと考えられます。

以上のことから、フリーランスの場合は、いけるなと思ったら思い切ってやってみてもいいのではないかと思います。

情報を集める

実際の成功・失敗事例から学ぶ。

⇣成功事例を集める

独立する意志を固めたら、次の②情報を集める、ですが、どんな情報が必要でしょうか。

起業の場合は、成功するためのファクターが非常に複雑で多岐にわたり、マーケティングやファイナンス、マネジメントなどいろいろな情報が必要になります。しかし、フリーランスや個店の場合は、そこまで複雑多岐な情報は必要ではありません。

先ほど書いたとおり、フリーランスや個店で収集すべき情報は成功事例だと思います。どうやったら事業を続けていけるのかを、成功した先達から学びましょう。そして、成功事例をもとに実行すればいいわけです。マネすることで効率性も、ノウハウの蓄積も、飛躍的に向上するものです。

成功事例の情報は、まずインターネットが圧倒的に集めやすいのですが、詳しくて参考になるのは、体験談が書かれた書籍です。

成功者から直接話を聞く

インターネット、書籍、新聞など情報源はいろいろありますが、なんといっても成功者に直接話を聞くのがいちばん効果的です。成功者本人から聞く話はリアルで何かと触発されるもの。うまくいけば、実際にすぐ役立つ裏話も引き出せるかもしれません。

成功者から話を聞く機会が得られたならば、できるだけ詳しく各論を聞くようにしましょう。せっかくのチャンスだから、多少いやがられても、根掘り葉掘り聞いておきたいものです。熱心で真摯な態度で聞けば、きっと教えてくれるでしょう。

とくに創業期のところは、時系列に順を追って聞いておくと参考になります。自分自身もこれから遭遇することが多いはずだからです。できれば聞くことができた話をヒントに、対応策を考えておければベストですね。

起業では、だいたい同じようなことで悩むことが多いもの。多くの人が創業期に悩むのは、「資金」「人財」「取引先」の確保です。それらをどうやって確保していくか、そのコツを聞いておければ創業後にずいぶん助かるはずです。

直接話を聞くときは、ランチやディナーを活用することがコツです。日中、オフィスや応接室などで話を聞いていても、裏話などは出てきにくいものです。食事をしながらフレンドリーな時間にすることで、いろいろな話が聞き出せるわけです。

もう1つは、セミナーを聞きに行くのもいいと思います。成功者が開くセミナーとか、起業支援や独立支援のセミナーなどでは、講話のあと質問の機会があるもの。その質問の場でつながりをつくったり、名刺交換する機会があればその場でアポをとることもできるかもしれません。

講演をするような人は、いろいろな情報ネットワークをもっていることが多いので、講話後のチャンスを活用しましょう。

失敗談こそ聞いておきたい

成功事例も大事ですが、どういう落とし穴があるのかをあらかじめ知るという意味で、失敗事例を聞くのも大事。転ばぬ先の杖です。

まったく失敗なく成功している人は稀なもの。失敗を乗り越えたからこそ成功があるものです。やけどをするから火の怖さを知り、怖さを知るから火の扱い方がわかるものです。人の失敗を参考にすれば、いちいち自分でやけどをしなくてすみます。何回失敗してもあきらめずに、最後に一回成功して「成功者」になる、そんな人も多いのです。

一度も失敗していないように見える成功者でも、余分に税金をとられたり、ムダな出費をしたり、外部に敵をつくったりと、局部的には失敗しています。

そうした失敗談は、インターネットなどではあまり出てきません。本当に勉強になるので、成功者と会えたときはぜひ失敗談も聞いてみましょう。

思い出は美化されがちと心得る

成功者から話を聞くとき、1つ注意したいことがあります。それは、「思い出は美しくなる」ということです。

成功者に話を聞くと、よく理路整然と「こう考えて、こうやってきた。そうしたらそれが実現した」と語る人がいます。実際は、必死にいろいろ試してみて、その結果としてうまくいったことを、あとから理論づけていることも多いものです。

そんな理論ももちろん役にたつのですが、そこは割り引いて聞いたほうがいいかもしれません。美化された思い出話よりも、できるだけ具体的で生々しい話を聞いたほうが、自分がやるときには役に立つものです。

準備をする

成功事例を把握する。

成功事例をマネる

準備については、まず前述のように、成功事例をマネるという方法があります。とくにフリーランスは、同業者と共存していけることが多いので、マネの効果は高いでしょう。ただし、全部マネではなく、そこにはオリジナリティが問われます。自分の強みを生かしてやりたいことを盛り込むこと。準備段階でいかに自分色が出せるかが勝負です。

その点、個店のほうはもうちょっと複雑で、地域性やマーケティングなども考慮しなければなりません。品揃えや販売方法、店舗の内外装などにはっきりとした個性やカラーを打ち出していく準備も重要です。魅力ある個店とは、オーナーのセンスが顧客層に受け入れられたということなのです。

リアルにシミュレーション

独立したらすぐ顧客からお金がもらえるよう準備しておかないと、いきなり資金難に陥ってしまいます。スタートしてから顧客を探したりしていては、あまりにも後手と言わざるを得ません。これはフリーランスも個店も、そして起業でも同様です。

そのため、事前に想定されることは全部やっておくことが重要です。もちろん、準備段階でできることにかぎられますが、たとえば、顧客探しや事務所・店舗の場所探し、必要に応じて資格をとっておくとか許認可を申請しておくなどです。独立支援の助成金などの制度も、使えるものは使う準備をしておきましょう。

スタートしてすぐにお金をもらえるようにするという意味では、開始後のシミュレーションをしておくというのもいいでしょう。一気に営業して仕事をもらい、納品して請求書をつくり……といったようなシミュレーションですね。なかなかその通りにはいきませんが、想定しておくとさまざまな事態に対応しやすくなるものです。

リアルなシミュレーションをするためのポイントは、書類にするということ。企画書だけでなく、具体的な日付の入った行動計画書をつくるということですね。

112ページの「情報を集める」のところで失敗談を聞く重要性を書きましたが、事前に想定されるリスクをつぶしておくことも大事です。お金や人脈のほか、健康などもそうです。病気や虫歯の治療は、思いのほか時間をとられるもの。会社にいるあいだにしっかり治療しておけば、独立後の憂いを取り除くことにもなります。

会社にいるうちにやっておいたほうがいいこととしては、クレジットカードをつくっておく、予定があるなら住宅ローンを組む、なども考えられます。個人事業主になるとローンを組みづらくなるので、できるだけ会社員でいるあいだに組んでおきたいところです。

⇣ 自分を印象づけるアイテムをつくる

ITリテラシー（情報技術を使いこなすこと）は、今の時代絶対に必要です。これを高めることなく効果的な事業はできません。便利なツールが出ていることもあり、すごく詳しくなる必要はありませんが、最低限自分で簡単なホームページをつくれる程度の技術はあったほうがいい。もしくは、そういう技術や知識をもったパートナーを探しましょう。

名刺は独立に必須のアイテムですが、「何でもいいや」と町の印刷屋で適当につくってしまうのは、じつは非常にもったいない話なのです。

フリーランスや個店は、自分が資本、自分1人で勝負をするわけですから、自分を売るチャンスを常に探って生かしていかなければなりません。名刺は、それ自体が自分を売り込む営業ツールになります。

そのため、顔写真や顔イラストを入れるなどの工夫をしている人は結構いるし、自分にできることやモットーを入れたりするケースもあります。なかには、はがき大の名刺とか2・3枚重ねたじゃばら式のもの、木やスチール素材を使っている人もいます。どれだけ自分を印象的に表現できるかの、こだわりが大事です。

自分を印象づける準備としてもう1つ、本を書くという手もあります。もちろん、書ける人はかぎられるし、自費出版だとお金もかかります。しかし、独立して自分で営業をするとき、名刺代わりに自著を相手に渡すというのは、相当インパクトがあるのも事実。

いくら書く能力があっても、独立したら時間的にムリなので、準備段階で書いておきましょう。本格的な出版ではなく、ブログなどで思いのたけを表現することでも、それなりに効果があります。何らかの形で自分を表現するのは、独立する人の常とう手段です。

書くことに関連して、独立後も続けるという前提ですが、日記をつけたほうがいいと思います。日記をつけることで、自分のやるべきことがきちんとできているかをチェックできるし、意志を固めたときのモチベーションを保つのに役立つこともあるでしょう。

独立後は、何か失敗した場合の原因を振り返るときにも役立つかもしれません。さらに、商売をやっていて気づいた、ちょっとしたノウハウを日記に書きためていけば、やがてノウハウ集のような1冊ができあがるということも考えられます。

スタートする

できる範囲で、が基本。

場合によっては思い切ったスタートもアリ

独立プロセスの最後は④スタートする、です。それはおおまかにいえば、慎重にスタートするか思い切ってやってみるかですが、どちらがベストかはケースバイケース。

ときには、背水の陣、自分を追い込んで思い切ってスタートするというのもアリかもしれません。とくに若い年代の場合は、失敗しても取り返す時間があるのですから、あまり考えすぎずに実行に移してみるというのも手です。

ただし本書としては、どちらかというとなるべくリスクが少ないスタートをおすすめします。つまり、できる範囲でのスタートがいいということです。とくに年配の方は、取り返す時間が少ない分、失敗しないよう慎重なスタートを切ったほうがいいと思います。

できる範囲というのは、主に資金面です。最初から立派な事務所を構えて人を雇うより、1人で自宅から始めるとか本業を辞めず時間外や週末だけお試し的にやってみたほうがいいでしょう。

できる範囲でやっていくときは、ある程度は選択肢がかぎられます。だから、できること、やりたいことの優先順位をちゃんと考える必要があります。やりやすくてノーリスクで、なるべく効果の高いことをやっていくよう意識しましょう。

宣言すると応援団が出てくる

周りにスタートを宣言するというのも、いろいろな効果が期待できます。

まず、背水の陣とまではいかなくても、やらざるを得なくなると同時に、自分に気合いが入ります。気持ちも、ポジティブというか、前向きになるでしょう。

もう1つは、周囲に応援してくれる人が出てくること。やはり、何かにチャンレンジしている人は、応援したくなるものです。応援団や応援してくれるパートナーが出てくると、当然のように事業が成功しやすくなります。

規模拡大への備え

自分に合ったスピード感で。

⇣スタート後の規模拡大も徐々に

スタートしたあとは、順を追って徐々に規模を拡大していくような方法と、レバレッジを効かせて拡大を狙う方法があります。どちらでいくかはめざすものによって変わりますが、私の場合は前者を選択しました。

最初はフリーで2年ほどやって、1人で会社を立ち上げ、うまくいくようになってから1人増やし、もっと順調にいくようになってまた1人増やし……という具合ですね。

規模拡大とか事業発展のスピード感は、人それぞれです。一気に勝負をかけていくスピーディーなタイプは「うさぎ型」、コツコツタイプは「かめ型」といえますが、そこのスピード感は、自分に合っているほうでいいと思います。

基本的には自分らしいやり方でいいのですが、うさぎ型をイメージする場合は、一気に勝負をかけるためにも初期投資が大きくなるなど、いろいろな費用やリソースが必要になってくることを考慮しましょう。

また、うさぎ型は、うまくいけば成功も早い代わりに、失敗もしやすいもの。たとえば、とにかく仕事をくださいと営業をかけまくり、キャパシティをオーバーして納品が間に合わず信用を落としてしまう、などということになりかねません。そのため、拡大志向のうさぎさんには、冷静にアドバイスしてくれるパートナー的な存在がいると心強いと思います。

リピーターを獲得しやすい「かめ型」

小規模独立で成功するためには、できるだけ早くリピーターをつくることがかんじんです。リピーターをつくるには、まず新規顧客をつかまえて利用してもらい、もう一度利用したいと思わせるよう満足させなくてはなりません。

お得意様をつくりやすいのは、スピード感のあるうさぎ型よりも、時間をかけて顧客との信頼をつくっていけるかめ型の人のほうだと思います。うさぎとかめのよさを兼ね備えた独立が、理想かもしれませんね。

フリーランスの独立

どこまで自由を求めるか。

安定か自由か

フリーランスとひと口にいっても、いろいろです。代表的なのは、クリエイター、各業界のコンサルタント（経営コンサルタント、ファイナンシャルコンサルタント、人材コンサルタントなど）、士業や理美容など資格を取得してやるものなど。ほかにも、営業代理店のような代行業というカタチのフリーランスもあります。

フリーランスの独立では、まず、特定の企業とつき合うのか、特定のお得意をつくらずオープンにいくのかの2パターンがあります。アメリカでは、前者をディペンデントコントラクター、後者をインディペンデントコントラクターと呼んで分けています。

特定の企業とつき合うディペンデントコントラクターは、仕事をもらう会社の影響力が強いという意味では契約社員的ですが、定期的に仕事をもらえるので安定した収入が得られるのが特徴。フリーランスに必須の営業もそれほど必要ありません。ただし、つき合っている会社から仕事がもらえなくなると、すぐに窮地に陥る可能性があります。

インディペンデントコントラクターは、ディペンデントコントラクターと逆の特徴があると考えればいいでしょう。安定的なディペンデントコントラクターと、自由度の高いインディペンデントコントラクター、どちらを選ぶかは保有するスキルや人脈によります。

ゆるやかな連携関係

これはどんな独立の仕方でもいえるかもしれませんが、得意業界をつくったほうがいいと思います。その業界内で「あいつは仕事ができるな」と一目置かれれば、協力者や顧客など人とのつながりができやすいからです。

人とのつながりという意味では、ゆるやかな外部連携をつくるのも大事。あまりにフィックスした外部連携だと、フリーランスならではの自由度が阻害されてしまうので、何かあったら声かけてもらう程度の人とたくさんつながるのがいいと思います。

こうした関係では、忘れたころに声がかかるものですが、そういう人をたくさんもっていると、結局しょっちゅう声がかかることになり、仕事が途切れなくなります。

フリーランスの独立プロセス

自由を楽しむのも大事。

売り込みとつながりで信頼を獲得

フリーランスの独立プロセスでいちばん大事なのは、自分を売り込むことだと思います。１１８ページのように、著書を出すとか印象的な名刺もそうですが、ポイントはＩＴ、デジタル関連での売り込みでしょう。要するに、ＳＮＳとかブログなどの発信力ですよね。ここは鍛えておく必要があります。

売り込みは、相手の信用を獲得するということでもあります。信用は、コツコツ築き上げるか、つながるかで獲得するものです。

つながるというのは、紹介のことです。たとえば、自分の知人がつかまえたい顧客に口を利いてくれれば、一気に信頼度が上がりますよね。ですから、つながっていくということが大事なのです。

自分を客観視するためにもレジュメをつくる

フリーランスといっても、好きにやるばかりでは収入に結びつきにくいので、人からどう見られるかを意識して、自分を客観的に見つめるクセをもたなければいけません。

自分を客観的に見ることに自信がない場合は、忌憚《きたん》ない意見を言ってくれる人に聞くとか、めざす人やライバルなど誰かと比べるといいと思います。

もう1つは、自分の実績などを棚卸ししたうえで、履歴書と職務経歴書を合わせたようなレジュメをつくること。これがあれば、営業時にも使えるし、つくっているときに「やばい、ここは何も書くことがない」と客観的に自分を見られるようになります。

仲間をつくるとしたら、自分を補完できる相手を選びましょう。自分が苦手なところをフォローしてくれる相手がいれば、ちょっと背伸びをした仕事も受けられるようになります。また、相手からも、仕事がくることがあるのも利点です。

最後に、せっかくフリーランスになるのなら、自由を楽しむということも大事だと思います。仕事で何かつらいことがあっても、「自由さがあるからなぁ、しょうがない。がんばろう」などという具合に、エネルギーになるからです。

個店での独立

自分の城にこだわる。

⇣ 実店舗とネットの両輪がおすすめ

個店のいちばんの魅力は、自分の城をもてるという感覚ではないでしょうか。お店にいれば、そこはすべて自分の世界で自由にできる。それはやはり、楽しくてやりがいがあることです。

その魅力については十分理解できますが、リアル店舗ばかりこだわるのではなく、インターネットのほうも絶対に手を打っておくべきです。ネット店舗には、お店の宣伝、顧客への告知のほか、リアル店舗で売れない在庫品をネットでさばくなど、さまざまなメリットがあるからです。

逆に、インターネットの店舗だけやる予定の場合も、リアル店舗をもったらおもしろいと思います。そもそもリアル店舗がイヤだからネットしかやらないんだという人もいるでしょうが、パイロット店として実店舗をもつと売上が上がりやすくなるので、一考の価値はあるのではないでしょうか。

お店づくりと品揃えにこだわる

どんなお店にしたいのか、つまりお店のコンセプトをどうするかも、大切なポイントです。

コンセプトを考えるときは、自分がやりたいことよりも、顧客目線で考えることを優先すべきだと思います。顧客目線がないコンセプトでお店をつくってしまうと、顧客に満足してもらえず、収入に結びつけられません。

そのうえで、こだわりのお店にすること。できるだけこだわったほうがいいですよね。とくに、「神は細部に宿る」とよくいわれるように、細かいところ、ディテールへのこだわりは店舗型事業では必要です。

お店づくりに匹敵するほど重要なのが、マーチャンダイジング、つまり品揃えです。仕入れて売るにしろ、自分で作って売るにしろ、店づくりと商品選び、この2つでだいたい勝負が決まります。ですから、この2つは徹底してこだわるべきでしょう。

個店の独立プロセス

庶務的なことも大事。

狭域マーケティングで立地を決める

実店舗の商売では、やはり立地が大切です。自宅からの距離など前提条件を踏まえたうえで、どこに店をもつかが勝負の分かれ目ともいえます。

立地を選ぶときは、予算との兼ね合いを考えるということから始まります。当然のことですが、立地でいいところは高いし悪いところは安いものなので、ほどほどの予算で立地のいいところを選びましょう。

次に重要なのは、狭い地域のマーケティングをしっかりやるということですね。候補地の近辺を、自分の目でよく観察するということです。観察するのは、人はどう流れていくのか（動線）、時間ごとに人の量はどう変わるかなどです。とくに大事なのは動線で、動線によってお店への顧客の入り具合が大幅に変わってきます。

細かい作業をいとわない

こだわりの強いお店ほど接客力が低いケースもありますが、リピーターを獲得するには、適切な接客が欠かせません。どう接客すればいいかわからない場合は、自分で近所の繁盛店に通ったりすると勉強になります。

はやっているお店に通うのは、接客だけでなく、店づくりや品揃えなど、あらゆることで参考になるので、できるだけたくさん研究してみてください。

それから、店舗ビジネスでは、お店の備品ひとつとっても細かいものをよく買ったりするので、帳簿が非常に大事なんですよね。細かい金額まで帳簿できちんと把握してコントロールするためにも、簿記を理解しましょう。とくに、人を使うようになると細かいところまで把握しなければ、欠品などのリスクになるので注意しましょう。

帳簿だけでなく、ディテールに凝った店づくりとか品揃えなどなど、細かいことをいとわないことが、店舗ビジネスを成功させるためには必要なのだと思います。細かい、庶務的な対応によっても差がついてくるんです。もっといえば、細かいことが楽しめるような人が店舗ビジネスには向いています。

社会起業家という生き方

社会貢献を仕事にする。

欧米ではメジャーな生き方

小規模でもいいからやりたいことをやりたい、という人が増えています。それに伴って増加しているのが、社会貢献を仕事にする社会起業家です。

現在のように、モノやお金が満ち足りた豊かな時代だからこそ出てきた生き方かもしれませんが、資本主義中心の社会から、「志」本主義に変わりつつある今、金銭的な報酬より非金銭的な報酬（生きがいなど）を求める社会起業家になる人は、ますます増えるでしょう。

社会起業家の目標は社会を変えることですが、わりと狭域で地道なことをやっている場合がほとんど。大言壮語する人よりも、コツコツと行動することで地域社会に貢献したいという人のほうが多く見られます。

欧米ではすでにメジャーで、巨大なソーシャルビジネスが出てきています。優秀な大学を出たエリートたちのなかには、そうした企業に入ったり、自分で社会起業家になったりしている人がたくさんいます。

1人でも組織でもできる

社会起業家にもいろいろなカタチがあり、1人で有償ボランティアとしてやるとか、NPO法人や会社をつくる場合もあります。営利企業よりも多様な形態があるといえます。

1人でコツコツやるか、NPO法人にするか、会社にするかは、何をどんな規模でどうやっていきたいのかなどによって決まるでしょう。

ただ、NPO法人の場合、利益を追求しないというのが前提ですが、活動を継続するにはお金が必要になるという現実があります。

一方、会社の場合は、利益を追求しやすくはなるものの、代わりにお金儲けが中心になってしまって、本当にやりたい社会貢献活動がおろそかになってしまうという危惧があります。そうした点を踏まえて、どういう形態で運営していくかを決めていけばいいと思います。

社会起業家への道

体験するのが近道。

⇣強い思いをもつ

社会起業家になろうとしたら、まず、自分は何にどういう思いをもっているのか。ここが強くなければ、周囲を巻き込めません。そして、その問題意識を表明していくことが大事ですよね。それによって、仲間をつくることができるようになります。

では、どうやって社会起業家になればいいのでしょうか。実際に社会事業家になっている人の多くは、①学生時代から社会起業家になる、②学生時代に社会企業に入るとかボランティアを経験してから、自分でやり始める、③一般企業に就職したり公務員になったりしたあと、社会企業に入る、という3つのうちいずれかの経緯を経ています。

いずれのパターンにもいえるのは、ボランティアなど何かしらの体験があり、それが引き金になって社会起業家になる人が多いということです。

社会起業家になるための準備ですが、いちばんいいのは、現役の社会起業家に話を聞くこと、もしくは、活動を手伝ってみることでしょう。無償で手伝うといえば、先方は喜んで受け入れてくれるはずです。

会費や寄付など収入を得る方法を考える

個人でもNPO法人でも会社でも、収入がなければやっていけないのが原則ですよね。ですから、どうやって収入を得るかを考えなければなりません。

収入を得るには、自主事業での収益はもちろん、会費のような仕組みでお金を徴収するとか、公共事業や助成金などでお金をもらう、などのやり方があります。それから、パートナーやパトロンなど、出資者を見つけるとか、寄付に頼るという手もあります。現在、寄付の募り方も多様化していて。インターネットを使って募る方法もあります。

社会起業家の場合は、基本的にお金を儲けることよりも、コツコツと活動を続けてだんだんその輪を広げていくことのほうが目標になります。そのため、営利を目的とした会社と比べてそれほど大きなお金は必要ありません。ですから、国や自治体の助成金とか寄付などでもやっていけるわけです。

ＮＰＯ法人の特徴とメリット

会社より資金面で有利。

設立には認可が必要

１３３ページで、社会起業家の形態として、個人、会社、ＮＰＯ法人の３つをあげました。このうち、会社とＮＰＯ法人はともに組織のカタチですが、どこがどうちがうかを、ごくかんたんに整理してみたいと思います。

両者のいちばんのちがいは、利益の分配方法です。会社だと役員で利益を分配するのは当然問題ありませんが、ＮＰＯ法人でそれは許されません。

それから、設立の手続きの流れもちがいます。株式会社だったら、法務局で登記の手続きをします。一方、ＮＰＯ法人は、自治体や内閣府に設立申請をして「認可」をもらってから登記し設立、という認可制になります。事務所が1カ所なら、事務所のある都道府県の自治体の管轄に、2カ所以上あれば、内閣府の管轄になります。

設立申請から4カ月ほどの審査期間があって、認可がおりたら法務局で登記をして設立が完了、という流れです。

そのほか、NPO法人の活動として認められるのは、保健、医療または福祉の増進を図る活動、社会教育の推進を図る活動、まちづくりの推進を図る活動など、17分野と決まっています。そのほかには理事3名以上・監事1名以上が必要だったり、組織全体で最低10名以上いなければならないなど、諸条件があります。

このようなことが会社との主なちがいですが、それ以外の給料を払うとか帳簿をつけるなどといった部分は、会社とほとんど変わらないといってもいいでしょう。

ローコストでの運営が可能

会社ではなく、諸条件のあるNPO法人をわざわざ選ぶのは、それなりの理由がありま す。社会的にも信用されやすい、公共事業に参入しやすいなどいくつかありますが、大きいのはお金の面です。基本的に、営利を追求しない組織なので、それほどお金を求めて参加してくる人がいないこと、税が優遇されていることなどから、会社よりもローコストで運営できるというメリットがあります。

LLPという選択肢

中軽量級の独立の仕方としてもう1つ紹介したいのが、LLP（有限責任事業組合。36ページ参照）。LLPは、出資者の事業上の責任を、出資額の範囲までと認められた事業体です。パートナーと一緒に会社をつくるのとは異なり、あくまでもお互いが独立した個々で、その個人個人がLLPという組合でつながって、ときには一緒に仕事をするという形態です。

課税の対象も、個人になります。組合として収益を上げても、組合には課税されず、組合から個人それぞれにお金が分配された時点で、一人ひとりに課税されるわけです。

フリーランスの人たちが共同で何か大きな仕事をやる場合、このLLPをつくるのがよいと思います。たとえば、雑誌の編集・執筆を丸々1冊請け負うとき、1人ではとてもムリなので、カメラマンやライターとLLPをつくって請け負う、という具合です。

また、弁護士や税理士、中小企業診断士、社労士など異なる士業が集まって、企業の経営コンサルタントをそれぞれの得意な分野でやる、というようなことも考えられます。

そのほか、組織としての肩書きが使えるので営業しやすいとか、個人よりも信頼感があるので顧客が安心して仕事を出せるなどいろいろなメリットがあるため、実際いろいろな事業で利用されています。意外なところでは、農業や町おこしなどもあります。

第5章

起業①
プランを立てる

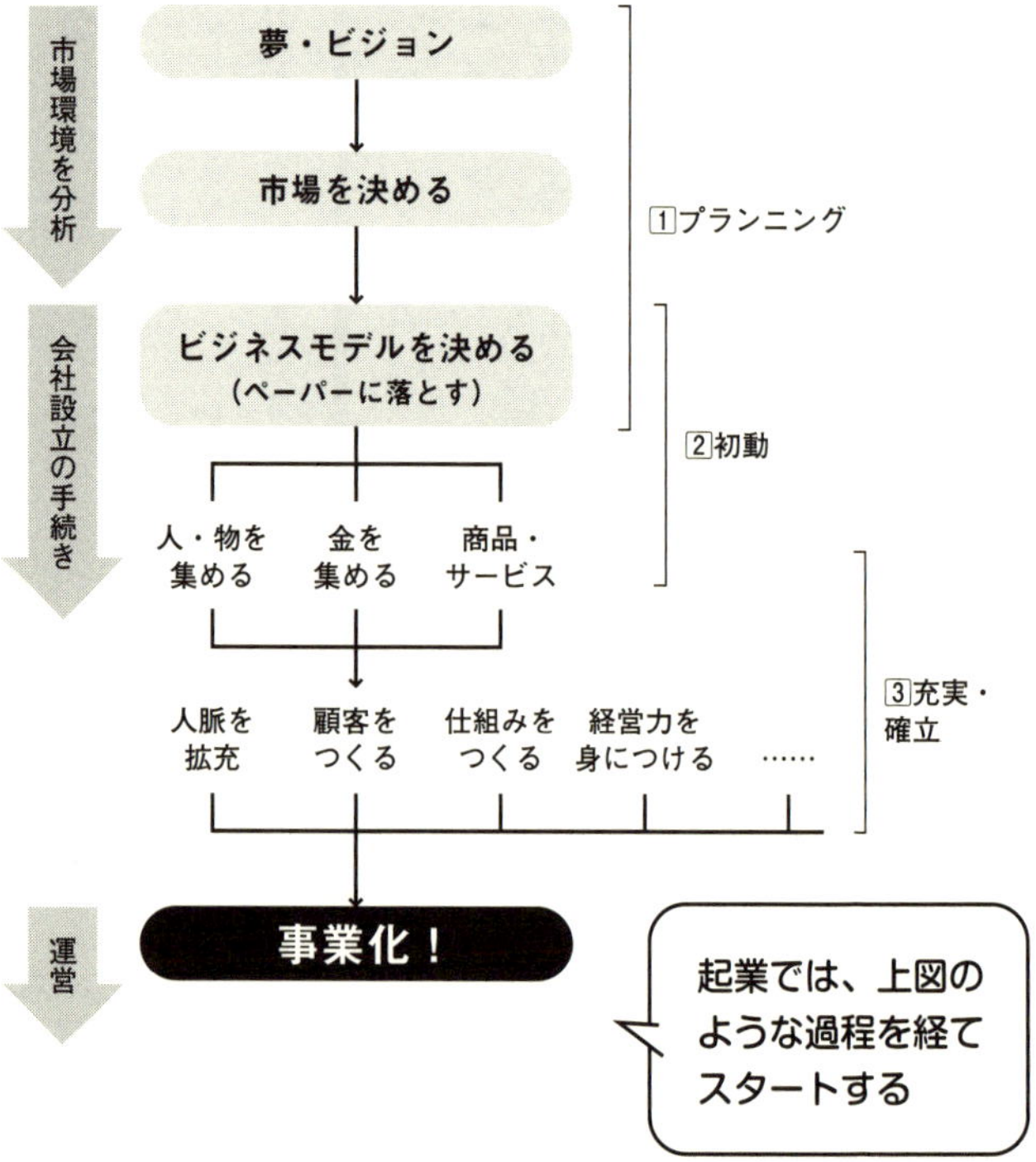

動機を再確認する

リスクを覚悟してもやり抜けるか、を自問する。

動機は起業の強力なエンジン

起業は、長く続く戦いになります。それに勝ち抜くためには、心・技・体、つまり気力・知力・体力の充実が必要になります。とくに大事なのが、気力ですね。

起業するにあたって最初にやることは、独立する動機を自分のなかで再確認することです。動機は、自分で事業を動かす力の源でありエンジンです。しっかりした動機がないと、気力が続かず事業を力強く動かすこともできません。

また、独立にはリスクがあり、そのリスクを乗り越えてやっていけるかどうかは、それだけの強い動機があるかどうかにかかっています。

たとえば、会社が倒産したとかリストラにあった、卒業したものの就職活動がうまくいかなかったなど、失うものがない場合は、思い切って独立を選択しやすいものです。

しかし、毎月給与をもらっている会社員の方の場合、あえてリスクのある独立の道を選ぶのは、それ相応の動機は必要でしょう。

ここでいうリスクとは、たとえば固定費です。固定費は、店舗・事務所の家賃、光熱費、従業員の賃金など、毎月出ていくお金のこと。独立すると、固定費は毎月自分で支払っていかなければなりません。つまり、それだけ稼がなければ、身銭を切るしかありません。フリーの立場なら、自分が我慢するだけでいいのですが。

そうしたリスクを背負ってもがんばり抜けるだけの動機かどうか、それを自問してください。

起業の動機・目的

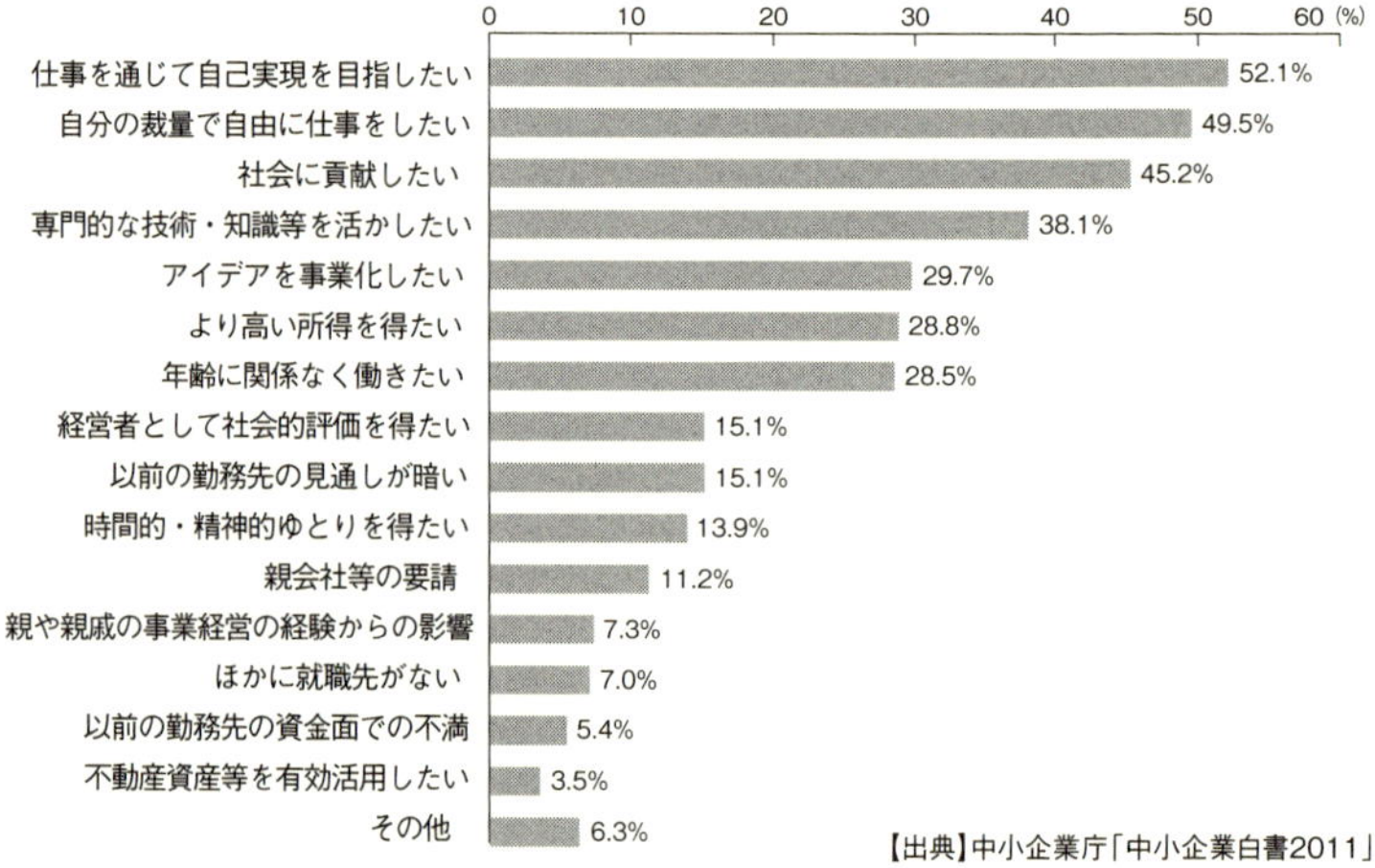

【出典】中小企業庁「中小企業白書2011」

大きな方向性を決める

どの領域でやっていくかを決める。

⇣どの市場をとりにいくかをイメージ

起業の動機が揺るぎないものと確信したら、次に、どんな領域で仕事をやっていきたいかをラフに決めます。もちろん、やりたいことが明確にある人には必要ありません。自らの頭のなかにあるプランを、具体的にしていけばいいのです。

しかし、明確なものがない場合、どの市場でやるかをイメージしておかないと、いろいろな市場の情報を収集・分析することになり、膨大な手間がかかってしまいます。

物販なのかサービス業なのか、何を扱う商売をやっていくのか。後々困らないためにも、最低限そのくらいは決めておきましょう。どの領域にするかは、自分の能力や経験、もっている人脈、資金などを考慮して決めるのが一般的でしょう。

領域を決めるときの基本

何を軸にして考えるべきか？

事業を始めるには
ヒト・モノ・カネ・
知的資産やノウハウなどの
リソースが必要。

やりたいことから考える

▶ 動機づけになり、やる気も起きるが、未経験の分野ではうまくいく保証がほとんどない。

経験やもっているノウハウなどから考える

▶ 得意なこと、それまで培った人脈やノウハウ、知識が生かせると、成功確率がアップ。

領域の絞り込み方

まず、できそうなことを全部箇条書きにする

▶ そこから有望そうなものに絞り込む

キャリアの3つの軸で考える

(25ページも参照)

▶ キーワードが重なるものをチョイスする。❶〜❸のキーワードが重なるものがベスト!

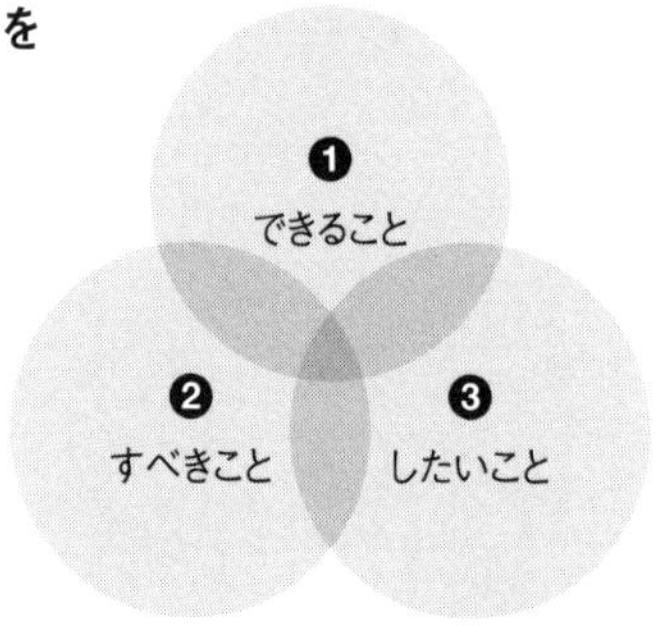

3つのキーワードでリストアップ

フレーム分析で環境を理解する

市場に合ったフレームを見つける。

ものごとをフレームに分類整理する分析法

めざす市場が決まったら、今度は成功確立を高めるためにも、市場の環境を知りましょう。といっても、あまり知識がない状態なら何をどうとらえていいものか漠然としていてわかりにくいでしょう。

そこで使えるのが、一般にフレーム分析と呼ばれるものです。分析に使うフレームにはさまざまあります。たとえば、PEST分析というものは、P（Political）の政治的、E（Economic）の経済的、S（Social）の社会的、T（Technological）の技術的、という4つのフレームにものごとを整理し分析していく方法です。

ここでの分析結果は、人集めや資金集めの説得材料ともなるので重要です。

さまざまな分析法

PEST分析

マクロ環境を分析する手法の1つ。自社を取り巻く環境を、政治、経済、社会、技術の4つのフレームに分けて分析し、現在から将来で自社に影響する要素を把握する。

P（政治）
・法改正は？ ・税制は？
・規制がきびしくなる？
——など

E（経済）
・景気は？ ・物価は？
・金利や株価は？
——など

S（社会）
・ライフスタイルは？
・人口は？ ・流行は？
——など

T（技術）
・新しい技術は？
・特許は？
——など

3C分析

顧客、競合、自社のそれぞれを分析し、顧客のニーズや購買能力、ライバルの強み・弱み、自社の強み・弱みなどをつかんで、自社の戦略を策定したりするのに使われる分析法。

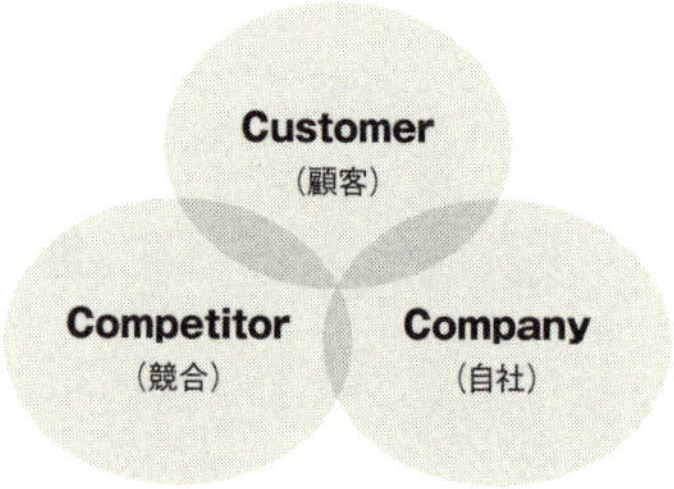

PPM分析

花形（稼ぐが大きな資金も必要な製品）、金のなる木（あまり投資せず稼ぐ製品）、問題児（大きな資金が必要だが成長の見込みがある製品）、負け犬（シェアもなく稼げない製品）の4項目に分類し、経営資源をどう配分するかをはかる。

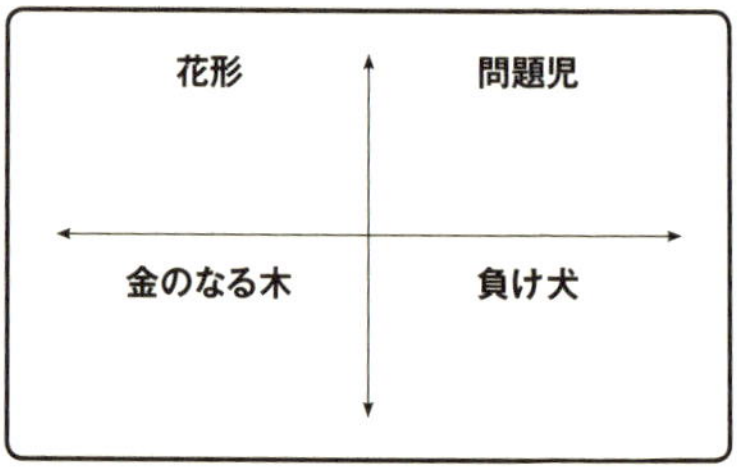

情報感度が勝負

本当に価値のある情報は少ない。

人脈と、仮説を立てられるカンが重要

これから伸びていく市場や商品、顧客動向などでほかの人がつかんでいない情報を先につかめば、それだけで事業ができます。

逆に、情報をキャッチするのが遅いと、他社にうまみを吸い尽くされたあとに参入してしまいまったく儲からなかった、などということも実際多く見られます。つまり、事業にかかわる情報をいかに早くとるかが勝負の分かれ目になるので、事業で成功するためにも、情報への感度を上げておきたいところです。

インターネットが急激に発達した今、単に情報の量という意味では、世の中にあふれかえるほどあります。しかし、本当に価値のある情報というのは、ほとんど出回っていませ

ん。インターネット上でいくら検索しても、お金になる情報は大して得られないのです。

いい情報というのは、人から直接得られるケースが多いものです。直接知り合いから生の情報がもらえれば、ほかよりも先行して手が打てるわけです。つまり、情報感度を上げるには、よい人脈ネットワークをつくることが大切です。

さらに可能性の高い情報とは、「自分で加工した情報」つまり自説です。「こうすれば儲けられるのではないか」という自分なりの仮説を立てたうえで、必要な情報を収集して先行し儲ける、ということも考えられます。ホームセキュリティという市場をつくったセコムや、宅配便という市場をつくったヤマト運輸などは、その典型例でしょう。

情報を処理する能力も必要

ただし、いくらお金になる情報をもらっても、それに気づかず聞き流してしまう場合もあります。自分の事業に関係する話かもしれないと、常に頭のなかで考えていることが必須です。

さらに、お金になる情報に気づいたとしても、それを自分の事業と結びつけて儲けるまでの算段を組み立てることができなければ、結局その情報はムダになってしまいます。情報を集めるだけでなく、情報を処理する能力も必要だということです。

時代のキーワードをとらえる

キーワードは、将来伸びる市場への道しるべ。

⇣ 市場を見極める手段の1つがキーワード

起業にあたっては、これから伸びそうな市場をある程度見極める必要があります。

これから伸びていきそうな市場というのは、まずは新しい市場のことです。新しい市場にはプレイヤーが少ないので、新規参入しても成功する確率が高くなります。インターネットの登場以来、多くの企業・ビジネスモデルが誕生していったのが、その典型例です。

逆に、プレイヤーがたくさんいて競争の激しい市場に新規参入しては、資本力や設備力のある既存企業になかなか勝てません。そんなときはすき間（ニッチ）を探すべきです。

これから伸びそうな市場を知るには、情報収集とともに、時代のキーワードをとらえることが重要になってきます。現在でいえば、「福祉医療」「環境」「ソーシャルネットワーク」などがそれにあたるでしょう。

既存市場でもビジネスモデルを変えることで、従来の競争から脱却できることもあります。たとえば、喫茶店が飽和状態のときに登場したドトールコーヒーなどのカフェや、理髪店が飽和状態のときに登場したＱＢハウスなどの10分間カットなどです。こうした企業が成功できたのは、顧客の新たなニーズや生活スタイルに気づいたからです。

キーワード情報は人から直接、がやはり最良

キーワード情報として入手しやすいのは、新聞や経済誌、ネット情報などです。ただしそれらは、誰にでも手に入る情報なので、事業を成功に導くようなニッチなキーワードを見つけるのは難しいでしょう。

事業を成功させるようないい話というのは、表に出てこないものです。いちばん価値が高いのは、人から直接聞く情報です。つまり、時代のキーワードをとらえるにも、人脈ネットワークが効いてくるということです。

市場が大きくなってからいくらいい話を聞いても、後追いになってしまいます。後追いで勝てるのは、資本力のある企業だけです。ライバルに先行するためにも、人脈を築き、新しい市場を見つける道しるべとなるキーワードをしっかりとらえましょう。

パーソナルブレーンをもつ

頭脳になってくれる人を確保する。

⇣ 事業立ち上げの際にはとくに重要

独立して事業を始めるとき、どんな小さな事業といえど、人とのかかわりが出てきます。一緒に事業をやっていくビジネスパートナーや従業員、顧客や取引先などさまざまですが、起業の準備の段階でとくに重要になるのが、パーソナルブレーンです。

ここでいうパーソナルブレーンとは、一緒に汗をかいて事業をやっていく仲間とか、仲のいい友だちではなく、いわゆる頭脳になってくれる人のことです。アドバイザー、師匠、メンター（人材育成の1つであるメンタリングと呼ばれる手法のなかで、人を育てる指導者のことをメンターと呼ぶ）などいろいろあるでしょうが、起業の際には頼れる相談相手を確保しておくべきです。

というのも、事業では、人材やお金はもちろんノウハウやアイデアも欠かせず、そのような知的資産は自分1人ではどうしたって限界があるからです。事業プランニングから立ち上げの際、その知的資産を補ってくれるパーソナルブレーンがいるといないとでは、事業の将来は大きく変わってきます。

代表的なのは大学の先生やコンサルタントなど

パーソナルブレーンとして代表的なのは、大学の先生です。専門的な知識を身につけていることから、企業の顧問になっていることも多く、大学を卒業してすぐ起業する学生にとっても非常に身近な存在です。アドバイスしている会社に出資するなど、相談される会社のパートナーになっている先生も少なくありません。

学生なら、たとえ有名企業の社長でも、直接コンタクトをとってみると話を聞いてもらえることがあります。若い人を応援したい気持ちは、多くの人がもっているものです。

自治体の、起業に関する相談窓口を頼る手もあります。起業する人が増えれば、それだけ会社が地域に納める税金が増えるので、自治体も起業を積極的に応援してくれます。

また、プロのコンサルタントや会社経営者、中小企業の経営相談を業務として行っている中小企業診断士も、相談先の1つとして考えられます。

ビジョンとコンセプトをつくる

どんな会社をつくりたいかを決める。

さまざまな情報などを集約してつくるのがビジョン

ビジョンとは、俗にいう「あるべき姿」のこと。自分のつくりたい会社像、つまりどんな会社をつくりたいかということです。

ビジョンをつくることで、その会社の将来像が明確になり、何をめざすのかがはっきりします。めざす目標がはっきりするため、どのように事業を進めればいいかが見えてくるし、従業員など一緒に働く人たち全員が同じ方向に向かえます。このように、ビジョンは、事業をやっていくうえでの根幹になるものといえるでしょう。

ビジョンをつくるときは、それまで集めた情報や、一度ラフに考えた方向性やプラン、フレーム分析や環境分析の結果、自分のやりたいこと、ブレーンからのアドバイスなどさまざまなことを材料に、総合的に判断して一気にまとめ上げます。

⇣コンセプトまでできたら一度形にすべき

あるべき会社像や全体像を描いたら、そこからコンセプト（概念）を考えてきちんと言語化していきます。

コンセプトとは「中核となる概念」で、かんたんにいうと、「どんなアプローチで、またはどんなこだわりをもって」ビジョンを達成するかということです。たとえば、環境保全を考慮した経営活動をするとか、人と人とをつないで笑顔にする、といったものです。

ビジョンやコンセプトは、紙に書き起こして形にしましょう。ここで一度形にすることで、蓄積された情報や分析結果など漠然としたものたちが整理されるうえ、関係者に起業の意図などを説明するときにも役立ちます。

コンセプトができたら、次にビジネスモデル（154ページ参照）を考えます。ここまでをまとめると、やろうとしているビジネスプランに対して情報を集め、フレーム分析などで処理して理解したら、ビジョン→コンセプト→ビジネスモデルの順につくっていく、ということになります。とはいえ実際には、それほどきれいに順番通りにはいかず、試行錯誤しながら並行して進めることも多いものです。

ビジネスモデルを絞り込む

誰に何をどのように届けるか。

⇣関係者に見せてヒト・モノ・カネを調達

ビジネスモデルとは、誰に何をどのように届けるか、という独自のビジネスの仕組みです。対象となる市場・顧客はどこで、扱うべき商品・サービスはどんなもので、それをどんなやり方で届けるか、その設計図みたいなものです。

ビジネスモデルは、それを紙に落として事業計画の基礎とするほか、「こういうことがやりたいのですが、ぜひ協力してください」と人に見せながら説得したり、銀行に見せて「融資してください」と頼んだりするときに使います。優秀な人材を採用するときにも、説得材料になります。ここでつくったプランが、あとあとのヒト・モノ・カネの調達に必要になってくるので非常に重要です。

複数のプランをどう扱うかが経営での難関

ビジネスモデルを1つだけ選択して、そこにヒト・カネ・モノなどの経営資源を集中投下するのは会社経営の基本で、とくに資本などの経営資源が乏しいスタートアップ時は、いわずもがなです。ライバルたちも、当然やっていることでしょう。あれこれと手を出しては、経営資源を一点に集中して投下している他社に負けてしまいます。

また、広く浅くやっている会社は、わりと魅力に乏しいものです。「この分野なら絶対に負けない」という事業をやっている会社のほうが、人は引きつけられるのではないでしょうか。

ところが、実際には、ビジネスモデルを1つに絞るというのは意外と難しいものです。1つに決めたとしても、あとからどんどんアイデアが出てきたり、よさそうな話を伝え聞いたりするものだからです。

また、柔軟にプランを変更したり、将来に向けての種まきをしたりしておくことも経営には大事な部分。1つに集中しつつもほかのプランを、というバランスの取り方に、経営の質が問われるのです。そしてそこが、経営の難しいところでもあります。

経営に、正解はありません。正解のない世界だから、自ら信ずるところを突っ走るしかないのです。

会社設立の手続きを始める

起業はやることだらけ。

役所の窓口で相談すれば最新情報も得られる

会社設立に必要な書類作成や手続きも、事業のプランニングと並行して進めなくてはなりません。ここでは、必要になる主な書類とやるべきことを、一覧にして紹介します。

実際に手続きを行う際には、より詳しく書かれた書籍を参照してもいいのですが、役所の起業担当窓口にいってみるのも手です。起業に詳しい窓口担当に直接話を聞ければ、疑問の解消になるだけでなく、さまざまなアドバイスをもらえるかもしれません。

また、手続きは日々変更されることが多いので、最新情報が得られるのも利点です。国の機関や自治体のほかにも、多くの団体などが起業を支援してくれます。起業を促進することで経済は活性化するのです。

☞ 会社設立に必要な書類と手続き一覧(株式会社の場合)

1)必要なもの

・**定款**

・**印鑑**

会社実印……代表社印。

(規格は1辺30mmの正方形におさまり10mmの正方形に収まらないもの)

銀行印……届出印

角印……請求書や領収書など日常業務で使う(必須ではない)

会社ゴム印……封筒など会社の住所や電話番号などを記入すべきシーンで日常的に使う(必須ではない)

・**登録免許税**(資本金額の1000分の7、または15万円)

・**定款認証**

・**定款印紙税**(4万円)

・**定款認証手数料**(5万円)

・**印鑑証明書**(発行手数料数百円)

・**資本金**

・**登記申請書**

・**登記簿謄本**

・**登記簿謄本交付手数料**(発行手数料数百円)

――など

※上記はあくまでも代表的なものをあげています。詳しくは、法務局などでご確認ください。

2）手続きの主な流れ

① 事業目的、発起人（1名以上）、商号（会社名）、会社所在地、資本金の額と出資者・出資割合、役員を決める。共同経営の場合は発起人会を開き、報酬や役割分担について定め、発起人会議事録を作成する。

▽

② 同一商号や類似商号の有無を登記所などで確認する。

▽

③ 運営上必要な印鑑を作成し、印鑑証明をとる。

▽

④ 定款を作成し、公証役場で認証を受ける。

▽

⑤ 出資金を代表出資者名義の口座に払い込む。

▽

⑥ 申請書類をそろえて、法務局で会社設立の登記申請を行う。必要に応じて、登記簿謄本や印鑑証明書をとっておく。

▽

⑦ 株式会社設立登記申請の受理＝設立の完了

第6章

起業②
具体的に動き出す

会社を成り立たせる大事な
人、金、商品・サービスを
どうそろえるか考えよう
会社
¥10000
商品

人を知る

起業に必要なヒトは、5種類に分けられる。

補完関係になるパートナーが理想

起業で重要なヒトは、パートナー、従業員、出資者、顧客、サポーターの5種類です。この人々と、どうつながっていくかが起業での重要なポイントの1つになります。

最初のパートナーとは、給料をもって働く従業員ではなく、一緒に事業を進めていくうえで手を握り合う関係者のこと。共同経営者などはその代表ですが、大成功している会社を見ると、技術系に強い人と経営に強い人というように、パートナー同士がうまく補完関係になっています。精神的にも心強い味方となります。

ただし、パートナーとの意見が合わないと、経営もうまくいかなくなることが多いので注意が必要です。どちらが会社の舵を取るか、役割分担を決めておきましょう。

準備段階で顧客リストをつくるべき

次に、従業員についてです。ゼロからスタートする会社に入ってもらうのですから、不安な相手にどんな会社でどんな仕事になるのかを、ビジネスモデルを提示しながら納得いく説明をする必要があります。起業時に多くは知り合いの紹介など縁故で集めています。

3番目は、株主などにあたる出資者です。出資者をくどくには、ビジネスモデルと併せて、事業計画、さらには返済計画の提示が必要になります。

株主には一定の権限が法律で付与されるため、あまりうるさい人を株主にすると、あとが大変になってしまいます。信頼できる人を株主にできないなら、多少ムリをしてでも自己資金で賄ったほうが無難といえます。ちなみに、金融機関や個人投資家に出資を頼むのは、株式公開や社会貢献という明確な目標が必要です。

4番目の顧客ですが、会社がスタートしてから探すのではなく、起業の準備段階で、この人なら顧客になってくれそうだという人物リストをつくっておき、スタートしたらすぐに案内にいけるようにしておきましょう。

最後のサポーターは、ある意味心の支えです。直接助けてもらうほか、誰かを紹介してくれるなど間接的に応援してくれる人です。できるだけ、利害関係のないフラットな相手を探すべきで、先に述べたパーソナルブレーンなどが理想的です。

人で笑い人に泣く

複雑な心をもつ「人」を理解する。

支えてくれたり裏切ったりするのが人

経営をやっていると、思わぬ成果を上げてくれたり、自分が苦しいときにがんばって支えてくれたりと、人に助けられることがあります。

しかし一方では、意見が衝突してケンカをしたり、場合によっては、頼りにしていた従業員に裏切られたりすることだってあるかもしれません。「手だけを雇うことはできない。頭と心がついてくる」といいます。そして、「心はコロコロ動くからココロと読む」ともいいます。企業は人に笑い、人に泣くものです。

複雑な心をもつ人間というものを理解することは、経営者にとって大切です。そのため、独立するまでに会社などで一定期間マネジメントに携わるというのは、非常に貴重な経験となります。そういう意味では、社会経験ゼロから独立するよりも、会社で働いてから独立したほうがいいと断言できます（一部の天才・奇才は別ですが）。

人を信じながらも頼りすぎない

独立して一緒に働く従業員たちは、これからの人生のなかで非常に多くの時間をともにすごす仲間です。一緒にすごす時間の長さでは、ある意味、家族以上の存在といえるかもしれません。

独立は、そうした仲間たちとの出会いの場になるのです。いい仲間とのいい出会いの場にするためにも、がんばっていい人を探しましょう。採用に妥協は禁物です。そして、入社してくれた人が、長く充実して活躍してくれる環境を提供しなければなりません。

ここで気をつけなければいけないのは、たとえいい人材が働いてくれることになっても、必ずしもずっと一緒にがんばってくれるとはかぎらないということです。それぞれの夢や人生設計があるのです。

重要な人が抜けて、会社がガタガタになり倒産したとか、業績が傾いたという話はたくさんあります。信じるものの頼りすぎないというスタンスが大事で、常にその人がいなくなったあとのことを考えておかなければなりません。

人の力は事業のベースと認識する

今の時代、人を軽視しては事業ができない。

⇣貢献した人には会社も一生懸命に奉仕すべき

経営の神髄とは何か。私は、人の力をいかに引き出すか、そしてその引き出した人々の力をいかに伸ばしてたばねていくかだと思っています。なぜなら、会社、ひいては事業を成り立たせるベースは、人の力だからです。

もちろん、仕組み化することで、誰がやってもその仕事ができるようにシステム化していける部分も、たくさんあります。しかし結局は、実行するのは、すべて心をもった人なのです。一緒に働く一人ひとりを軽く見ていては、事業は成り立ちません。

現在が、シビアなほど人権が尊重される時代になったことも、人を軽視してはいけない理由の1つでしょう。セクハラやパワハラは論外としても、個人情報の扱いについてなど、さまざまなことに注意が必要です。

かつては、資本家である大地主が小作人を集めて畑を耕させ、年貢を搾り取るなどという時代もありました。これまでの株式会社にも、そうした一面はあったでしょう。

しかしこれからは、人から搾取するばかりのビジネスモデルというのは、もう通用しなくなります。一生懸命働いて会社に貢献してくれた人には、会社も一生懸命に奉仕しなければならないのです。

とはいえ、人にもいろいろあります。会社に貢献してくれる、なくてはならない「人財」もいれば、会社にぶら下がり貢献もしないのに不平不満ばかりいう「人罪」もいるものです。人への対応は、その人の貢献度に合わせて、メリハリをきかせて行うべきでしょう。

☞これからは会社も奉仕をする時代

これからは
奉仕モデルの時代
賞与
かつては
搾取モデルが主流

搾取してばかりでは、モチベーションが下がったり人が流出したりして、
会社の力が下がってしまう。そうしないためにも、がんばった人には会社も奉仕すべき。

ヒューマンリソースマネジメントを知る

どう採用し、どう処遇するかを考える。

どんな人を求めるかで処遇が決まる

ヒューマンリソースマネジメント（Human Resource Management 以下、ＨＲＭ）とは、人という資源を十分に生かすための仕組みをつくり、会社の力を強くしていくという考え方です。「いや、リソース（資源）ではなくキャピタル（資産）というべきだ」というＨＣＭ論もあります。とにかく、会社にとって大事なのは人だということです。

マネジメントする範囲は、人の採用から配置、動機づけ、報酬制度、教育や訓練、福利厚生、労使関係、新陳代謝など広範囲に及びます。

まずは採用ですが、自分がのぞむ人を採るためにも、採用について知っておく必要があります。たとえば、お金をかけて募集広告を打つとか、お金をかけずハローワークを活用する、コネクションを頼るなどの採用方法を知り、選択する必要があります。

採用は、会社にとってもっとも重要な「人財」を獲得する手段であり、そこで大事なのは質へのこだわりです。「判断に迷ったら落とす」くらいのスタンスでもいいのです。

採用したら、その人の処遇を考えなければなりません。たとえば、実績のある優れた人なら給与は高めに、未経験の新卒をとるなら給与は抑える、といった具合です。

OJTや自己啓発で教育

教育は、HRMでの重要なポイント。とくに、若い人は育ててどんどん戦力アップしないと会社は伸びません。また、人が育つ組織でなければ、若い人は定着しません。

教育には、主に3つの方法があります。1つめは、仕事を通じて知識や技術を教えるOJT（On the Job Training）、2つめは、研修など仕事を離れたところで教えるOff－JT（Off the Job Training）、3つめは自己啓発で、自助努力で勉強していく形です。

中小企業の場合は、どうしても予算や指導者にかぎりがあるので、研修よりOJTと自己啓発が中心になります。この2つで戦力アップをするには、仕事を通じて直接自分が指導したり、面談しながらその人の伸ばすべきものを本人に理解してもらい、自分で勉強するよう促していったりすることが必要です。

人脈の棚卸しをする

昔の人間関係は、結構忘れているもの。

棚卸しして使える人脈を把握

１６６ページで採用について触れましたが、コネクションを頼って人を探すとき、一度「人脈の棚卸し」をするといいと思います。

人脈の棚卸しというのは、それまで培った人脈を一回洗い出してみることです。たとえば、小学校時代の友だちから始まって、中学校、高校、大学、働き始めてからの友だちなど。そうした、自分が直接知っている人だけでなく、知り合いの知り合いまでたどっていくと、かなり広い人脈をたどっていくことができます。

人脈の棚卸しは、人材の採用だけでなく、パートナーや出資者、顧客などを探すときにも使えます。たとえば、小学校時代の友だちが、投資会社のオーナーになっているかもしれません。銀行や取引先に勤めている友人・知人がいるかもしれません。

ここ数年の知人や友だちなら当然覚えているでしょう。しかし、学生時代ともなると、忘れている仲間の1人や2人は絶対にいるはずです。それを思い出し、自分のネットワークを広げるためにも棚卸しをしておきましょう。

剣豪柳生家の家訓に「小才は縁に出合って縁に気づかず。中才は縁に気づいて縁を生かさず。大才は袖すり合った縁をも生かす」というものがあります。人の縁は大事にしましょう。

また、下図の「ハブ人材」を押さえておくと、人脈づくりには有効です。

ハブ人材とは？

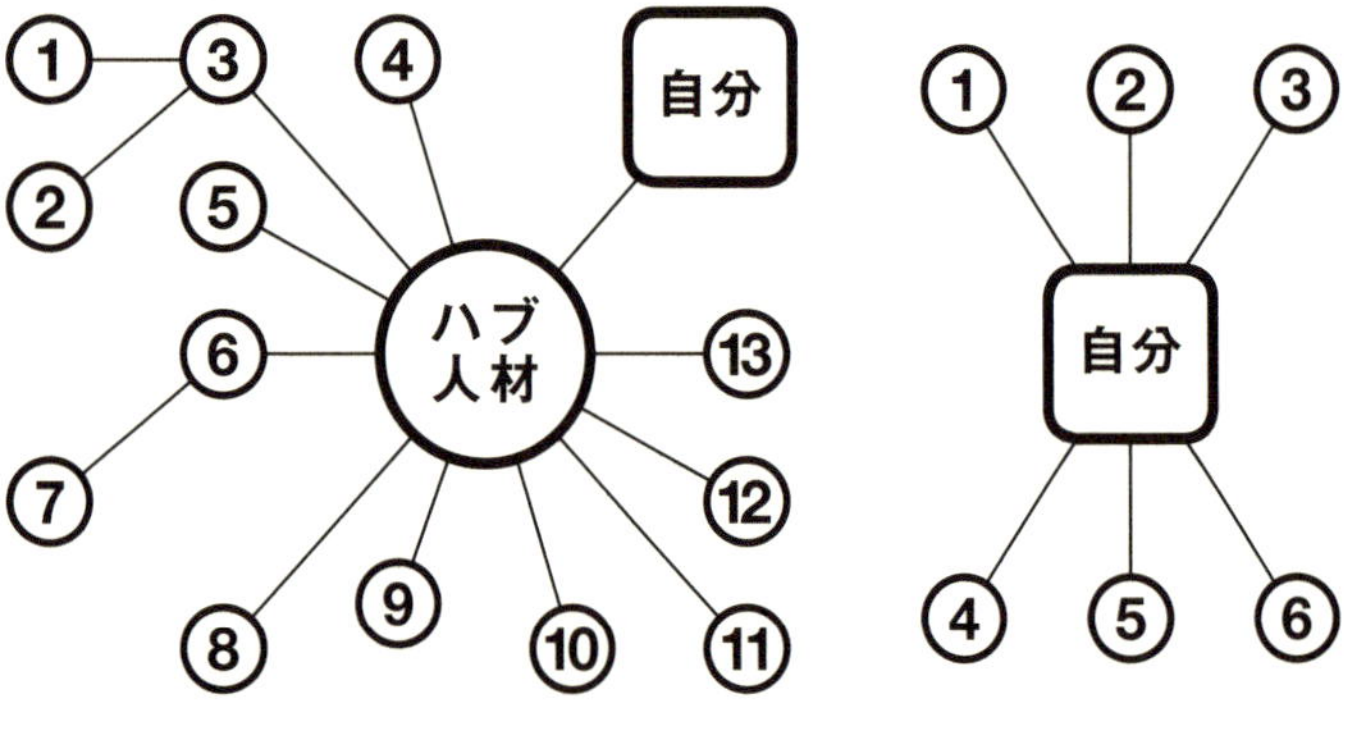

ハブ人材とは、集線装置の「ハブ」のように、1人でたくさんの人に顔が利く人材のこと。自分がたくさんの人を知っているよりも、ハブ人材を何人か押さえておいたほうが人脈のネットワークは広がる。

社内で人間関係を築く

人間関係のよい会社は、集団パワーがある。

⇣ 働きやすい職場はよい人間関係があってこそ

組織であれば、上下の関係は厳然とあります。とはいえ、会社は感情をもった「人」の集団なので、やはり人間関係は非常に大切です。他動的に人を動かすより、主導的に動いてもらうほうが、きっとパフォーマンスが高まるはずです。

人間関係のよい組織は、みんなが働きやすく、やる気も起きて、結果的に業績も上がりやすくなります。逆に、人間関係の悪い組織では、パワーが出なくなります。モチベーションが下がったり、ときに社内外でのトラブルにつながったりするものです。

最悪の場合、退職者が出るなどということもあるでしょう。貴重な戦力を失ってしまえば、会社の運営そのものに影響を与えかねません。

⇣ 従業員の人間性や価値観を理解すべき

よい人間関係をつくるには、日ごろからのコミュニケーションはもちろん、お互いをわかり合うことが大事になってきます。

わかり合うには、経営者が従業員など一緒に働く人たちのことをよく知ることが肝心です。どういう価値観をもち、何をめざしてどういう人生を送ろうとしているのか、そういうものを理解したうえで仕事をしているかどうかで、人間関係はかなりちがってきます。

もちろん、個人は個人、仕事には関係ないという考え方もあります。しかし、そうした割り切った形でチームをまとめ、集団力を発揮せしめるのは、逆に難しいのではないでしょうか。日本では昔から、先輩が後輩を昼食や夜の一杯に誘ったりする慣習がありますが、それもお互いを理解するための一手段として、今でも十分に有効なのです。

現在、従業員との面談やコミュニケーションに力を入れる社長は増えています。コーチング、カウンセリング、メンタリングなどのセミナーにも大勢人が集まります。これも、人間関係の重要性の意味をみんながわかってきているという証拠でしょう。

でも、それは仲良しチームであればいいということではありません。お互いに理解し、尊重しながらも、きびしさをもって磨き合える関係で、結果を追求することです。そんな人間関係が、職場でのベストチームなのです。

お金を理解し正しくつき合う

正しくつき合うためにも、正しく理解する。

資金と売上目標の側面がある

会社にとってお金は、人における血液と同じくらい重要です。正しくつき合っていかなければなりません。そのためにも、お金について正しい理解をしておきましょう。

起業においてのお金には、２つの側面があります。１つは、資金です。人を雇ったり事務所を借りたりと、実際に事業をするにあたって出ていくお金のことです。これがなければ、事業をやっていくことはできません。それほど重要です。

もう1つは、財務データや売上目標などの指標です。出資者や銀行は、ビジネスプランに書かれた財務指標などの数字を見て、出資や融資をするかどうかを判断します。会社としてこれからがんばっていく目標ともなるわけですから、売上目標も、適正かつ手が届くギリギリ上限くらいにするのがベストで、そうしたセンスが重要になってきます。

実際の資金調達方法は自己資金か借金

資金の調達方法について説明します。資金には、自己資金、借金、返さなくていいお金（もらう）の3つがあります。返さなくていいお金とは、たとえば国や自治体の助成金です。これは得るのは難しく、手続きに手間暇がかかりますが、起業においてお金はあるほどいいので、もらえるものは少しでももらいましょう。

自己資金がない人は借りることを考えますが、借り方にもいろいろあります。1つは人脈ですが、これは本当に注意しないと人間関係を壊しかねません。キャッシュフロー（174ページ参照）が苦しいときに「返せ」といわれるのもつらいです。資本金として出資してもらい、のちに株を買い取って返す、といった形もいいと思います。

もう1つは、公的機関からの借り入れです。起業時に有利な融資としては、日本政策金融公庫の新創業融資制度などがよく知られています。そうした融資の多くは、金額は大きくないものの、銀行よりも金利が安いので検討してみるといいでしょう。

あとは、銀行（176ページ参照）です。銀行は、例外はありますが基本的に前例主義なので、実績がゼロの会社が借りるときは、担保などを要求されると考えてください。

キャッシュフロー経営を考える

入出金の計画を立て、しっかり管理する。

黒字倒産はキャッシュ不足が原因

お金のとらえ方には、B／L（Balance Sheet: 貸借対照表）やP／S（Profit and Loss statement: 損益計算書）という会計的なとらえ方と、実際の現金（キャッシュ）というとらえ方があります。現在は、キャッシュフローを重視して、現金の流れを会計上に取り入れるようになっています（キャッシュフロー計算書）。つまり、現金管理が大事だと認識されているわけです。

実際に経営をしてみると、キャッシュフローがいかに大事かがわかります。なぜなら、いわゆる黒字倒産が起こるのは、キャッシュフローをおろそかにしているからです。

単純な話ですが、入金が遅れて手元に現金がないとき、支払い請求が先にきたなら払えません。会計上は黒字でも、入金より先に請求がきて支払えなければ、経営が破綻してしまうこともあります。

とくに注意するのは営業のキャッシュフロー

豊富な資金をもっているならともかく、ギリギリの資金であれば、出金の前に入金があるようにうまく計画する必要があります。とにかく、受注・納品から入金までのサイト（期間）を、できるだけ短くすることです。そうでなければ、破綻したり、新たな借入金が発生してムダな金利がかさんだりしてしまいます。

たとえば、パチンコ店のように、売掛金がなく安定して現金がその場で入ってくるならそれほど心配ないでしょう。しかし多くの中小企業は、入金と出金のバランスをとって、それが崩れないようにやっていかなければなりません。それが不安定だと、自転車操業になるわけです。多くのスタートアップ企業は、自転車操業にならざるをえません。

キャッシュフローは営業、財務、投資の3つの側面で見ます。営業は本業で入ってくる現金、財務は貸借金の金利などで入ってくる現金、投資は株の利回りなどによる現金で、メインは営業のキャッシュフローです。ですから、とくに営業のキャッシュフローはしっかりと管理してください。

銀行とのつき合い方

会計書類をそろえ、誠実に対話する。

融資以外にも頼れる最近の銀行

会社の立ち上げ資金や、いざというときのつなぎ資金の調達先として、銀行の存在は重要です。

つき合う銀行は、中小企業の場合、信用金庫や地方銀行になるでしょう。地域に根ざした銀行のほうが、起業を支援してくれるというメリットもあります。最近では、顧客を紹介してくれたり、会社同士をとりもったりする銀行も増えています。

肩入れしてもらうため有望性をプレゼン

融資を頼むときは、銀行から会計書類を提出するよう求められます。会社の会計をすべてクリアにしておかないとなかなか貸してもらえないので、書類はきっちりつくっておかなければなりません。

１７３ページで書いたように、銀行は基本的に前例主義なので、新しい会社は、与信管理といってお金を返済できる保証が求められます。

実績のある大手企業なら、与信管理をするリサーチ会社の格付けで評点が高く、優良企業と見なされてぜひ取引しましょうということになります。しかし、実績のない新しい会社では、当然評点も低いので、社長の個人保証はもちろん、土地など一定の担保を要求されるなど、融資条件はきびしくなります。

ただし、前例主義の銀行にも例外はあり、有望な会社に対して肩入れしてくれることもあります。

そのときに銀行に見られるのは、ビジネスプランに対する将来性や経営者です。経営者の人脈やバックグラウンド、ビジネスに対する構想力、それまでの経験や実績、そして誠実で信用できる人なのかどうかなども含めていろいろなものを見て、有望と判断されれば、多少ムリな条件でも融資することもあります。

銀行からＯＫをもらって一度融資されたら、融資と返済をくりかえすことでそれが実績になり、融資の限度額がだんだんと上がっていきます。

マネーブレーンをつくる

専門家の力を借りて、きっちり会計を管理する。

各分野の専門家と知り合うとさまざまなメリットがある

お金を正しく理解しようと前述しましたが、お金というのは特殊な世界であり、理解しにくい側面はあります。実際、会社の会計を苦手にする経営者は、多いものです。とはいえ、会社を正しく経営するため、税務署の調査に対応するため、いくら苦手でも会計はきっちりやっておかないといけません。

お金に詳しく、きちんとアドバイスしてくれるブレーンをしっかり確保しておきましょう。税理士や会計士に頼むのは基本ですが、知人や友人で融資や投資、資金調達、税金問題など各分野に詳しい人と付き合っておくと、いろいろな場面で適切なアドバイスがもらえることがあります。

さまざまな分野の専門家と付き合うと、多くの場面でメリットがあります。たとえば、不動産を取得して開店する場合、金融に詳しい人に相談すれば、融資してくれる銀行を紹介してくれるかもしれませんが、掘り出し物件を見つけてくれることはありません。そこで、不動産に詳しい人に相談すれば、物件に関するいいアドバイスがもらえる可能性が高いでしょう。

⇣ マネーブレーンとの出会い方

では、マネーブレーンをどうつかまえるかを考えます。

1つは、金融関係に勤める友人・知人を、人脈の棚卸し（168ページ参照）で見つけることです。人脈のネットワーク内にいなければ、友人・知人から紹介してもらうことも考えましょう。

もう1つは、起業しようと決めたら、会社勤めしているあいだにアンテナを張って、外部のお金に関するスペシャリストと知り合うことです。とくに、経理部門など事務系の仕事をしている人などは、税理士や会計士と知り合う機会が多いので有利でしょう。

自治体などの役所で無料相談をやっていることもありますが、細かな点までアドバイスを求めるのは、やはり自社についてよく知っているブレーンでないと難しいものです。

お金の専門家への頼り方

会計を覚えるため、自分でやるのも1つの手。

いざというときは頼りになる専門家

会社の会計を、外部に任せるか自分でやるかと迷うことがあるかもしれません。

個人営業やフリーなどのスモールビジネスなら自分でも確定申告できますが、ある程度の規模があって人を雇って立ち上げる会社であれば、外部の専門家に任せたほうがいいでしょう。銀行で融資を受けるにしても公的資金を借りるにしても、会計書類の完備が不可欠だからです。また、その道のスペシャリストというのは、いざというときに、やはりそれなりに頼りになるものです。

それでも、数字に強いからとか経理の経験があるなどで、できれば自分でやりたいという場合は、以下の判断材料をもとに考えてみてください。

判断材料は出費と自分の手間暇、会社の規模

判断材料の1つは、外部に任せるとお金がかかるということです。毎月3万円とか5万円を支払ってみてもらうのが、一般的なイメージでしょう。ただ、毎月頼む形ではなく、アドバイザー的に必要なときに1回だけ相談にのってもらうという契約スタイルもあるので、条件がうまく合えば、あまり資金の負担がかからないようにできるかもしれません。

2つめの判断材料は、自分で会計をやる場合、会計にかかる労力分だけ事業ができなくなるということです。取引先がたくさんあったりして入出金が多い会社の場合は、会計のことばかりに手間をとられてしまって本業がおろそかになる恐れがあります。

自分で会計をやる手間・時間と、外部に支払うお金を天秤にかけてみると、どちらにすべきか答えが出てくるはずです。

3つめは、会社の規模がどのくらいかということです。前述のように、個人やフリーなら自分で確定申告をして、ある程度の規模がある会社なら外部に任せたほうがいいでしょう。個人やフリーではないものの規模が小さい場合は、会計を覚えるためにも、勉強しながら自分でやるのも手だと思います。

お金のスケールも同様で、インカムが小さい場合は、できるだけ外への出費を抑える必要があるので自分でやるべきです。

最初はどう自転車操業するか

つなぎ資金の調達先を確保する。

入出金の計画が狂うと倒産や不渡りに

会社を立ち上げてからしばらくは、よほど資金が豊富でないかぎり自転車道業に近い形になります。そのため、創業してまもなく倒産する中小企業は、入金と出金が合わなくなってしまった、というケースがほとんどです。10年で7割、20年で5割が企業の生存率です。

入金と出金のサイクルがうまく合うように計画を組んでいても、たとえば取引先の支払い遅延で予定していた入金がなかったときに、支払いが滞って自転車操業が破綻してしまいます。これにより、連鎖倒産になることもあります。

手形で支払っていた場合は、手形が不渡りになり、これが2回続くと銀行取引が停止して事業ができなくなってしまいます。

たとえ、倒産や不渡りにならなくても、給料が払えなくなれば従業員が辞めて事業に支障が出ます。取引先に支払いを待ってもらうことが続くと、信用を失って、やはり事業を続けられなくなります。

174ページでも書きましたが、キャッシュの出入りであるキャッシュフローをきちんと管理するのがいかに大事かということが、このことからもおわかりでしょう。

高利の資金はその場しのぎにしかならない

急な入金サイクルの狂いに対処するためにも、足りない資金の穴埋め、いわゆるつなぎ資金を必要に応じて調達できるルートを確保することが大切になります。そのルートをもっておかないと、金利の高い金融会社から調達することになり、その場はしのげたとしても、結局は倒産する可能性が高いのです。

いちばんいいのは、自分でつなぎ資金を貯蓄してキャッシュでもっていることですが、そんな余裕がある人は少ないでしょう。つなぎ資金の調達先として、たとえば銀行で3カ月とか5カ月といった短期資金を借りるということも考えられます。もちろん、通常の融資より金利は高いものの、審査は早めにやってくれます。

できることはお金で決まる

自由にできるお金の量が、ビジネスの範囲を規定する。

⇣どんな事業をやるかはお金次第

自分が自由にできる範囲のお金でビジネスをやって、利益がどんどん出て、その利益を次の投資に回せるという状態なら、会社を拡大していけます。

しかし実際には、投資が先になる場面のほうが多く、自分で自由にできるお金の範囲では、投資できる資金が足りないためにビジネスを大きくしていけないものです。言い換えれば、調達できるお金の範囲でしか、ビジネスはできないということです。

先に投資が必要なビジネスの典型が、設備型産業や、仕入れや在庫が必要なビジネス、店舗のビジネスなどです。店舗を借りるには、敷金礼金など最初に投資が必要になります。そうした投資先行のビジネスは、お金のない人には手が出せないので、資本力のある会社が伸びていきます。

では、お金がないと起業できないのかというと、そうでもありません。たとえば先に述べたように、弁護士、公認会計士、中小企業診断士などの士業、コンサルティング業、デザイン事務所などの知的サービスは、出費を抑えようと思ったら抑えられる事業だと思います。

最低限必要なのは、事務所の賃貸料やアシスタントなどの人件費、電話代と光熱費くらいではないでしょうか。自宅で始めれば、ほとんどタダですみます。

お金がなくても起業できますが、やれることはお金で制限されるので、スタート時にどんな事業をやるかは、調達できるお金を考慮して選ばなくてはいけません。

☞少ない資金でも始められる業種

商品・サービスは商売の根幹

何を売るのかを決めることからすべて始まる。

⇣ 商品・サービスがビジネスモデルの中心

ここまで本書では、事業をやるうえで、何を誰にどう届けるかのビジネスモデルが大切と書いてきました。そのビジネスモデルの根幹になるのが、商品・サービスといえます。

それは、何を売るのか、またはどんなサービスをするのかが決まらないと、何人の従業員が必要なのか、いくら用意しなくてはいけないのかなどが決まらないからです。もちろん、投資や融資も受けられません。「何か商売を始めるので、お金を貸してください」では、誰も貸してくれないからです。

本来、ヒト、カネ、商品・サービスは、並行して準備を進めるべきですが、強いてどれが先かといえば、この商品・サービスではないかと思います。

ここからは、それほど重要な商品・サービスについて、どう練っていくべきかを考えていきます。

⇣商品は有形で価値が明確、サービスは無形で固定費がほぼ不要

各論に入る前に、商品とサービスのちがいを確認しておきます。

大きなちがいは、商品とは基本的に形のあるもので、サービスは何かの効果や満足など形のないものだということです。

商品は、形があるので、作ったり、ストックしたり、陳列したりということが必要になります。つまり、ある程度のスペースが必要だということです。

一方、サービスは、人がやることそのものなので、その場で消費と生産が同時に行われるため、スペースはそれほど必要ないことも多いのです。スペースがいらなければ、たとえば店舗を借りる家賃などの固定費が不要なので、現在ではサービス業のほうが伸びています。

ただし、商品にも、価値が明確で売りやすいというメリットがあります。サービスは、たとえばリラクゼーションにしても、マッサージ師の個人差が大きいとか、本当に効くのかどうかがわからない、という具合に、価値がわかりにくいという面があります。

独自性を出す

いかに独自のものがつくれるかが、勝負の分かれ目。

⇣ 価値優位になるためのアイデアが重要

ビジネスモデルの中心にくる、商品・サービスをどうつくるか。それは、ビジネスの将来を左右します。アイデアや独自性がなく同じものを売るとなると、大量に仕入れて安く売る大規模店に負けてしまいます。

経営戦略に、コスト優位と価値優位というのがありますが、中小企業は価値優位の戦略をとるほうがいいでしょう。

コスト優位とは、規模の大きさを生かして一度に大量に仕入れることで、コストを下げライバルより優位に立つことです。一方、価値優位は、ほかがもっていない付加価値を商品・サービスにつけて、ライバルより優位に立とうとすることです。

価値優位になるためには、アイデアをいかに出して、独自のものをつくっていくかが勝負です。そのために必要なのは、隠れた市場のニーズを見つけ出すこと。もしくは、今あるものに対する不満などをいかに見つけ出すかです。

既存の大きな市場ではなかなか大手に勝てませんが、ニッチ市場なら十分に対抗できます。ですから、隠れたニーズや今あるものへの不満を見つけてニッチのトップをめざすのが得策でしょう。そのための商品・サービスづくりをしていくべきです。

出してから改善するのも一案

価値優位のためアイデアが大事といっても、いきなりそんな斬新なものはそうそう出てきません。かといって、完璧なものをつくろうと延々時間をかけていては、これだけ市場の変化の激しい世の中ですから、できたころには市場のニーズがなくなっていたり、他社に先行されている、などということにもなりかねません。

そこで、よさそうなものをとりあえず出してみて、あとは顧客の反応により改善させながらオリジナリティを高めていくというのも1つの手です。

とりあえずつくる→売ってみる→顧客の反応を見る→批判された部分を改善する、というのは、要するにPDCAを回して商品・サービスを進化させていくということです。

常にチャンスをうかがう

逃したら、チャンスは二度とやってこない。

⇣ 常に商品・サービスのことを考えて生活する

じつは、チャンスというのは誰にでもあります。しかし、チャンスをものにできる人は、少ないものです。

まず、チャンスに気づけなければ、チャンスをものにできません。では、チャンスに気づくためには何が必要かというと、気づくセンスです。何かチャンスを見つけたときに、ピンとくるということです。

ピンとくるためには、感性が優れているとか知識が豊富ということも大事ですが、常に優れた商品・サービスをつくりたいと考えていること、つまり常にチャンスをうかがっているかどうかが大事なのです。

ですから、起業すると決めたら、常に「チャンスはないか」と意識しながら生活することが重要になります。それができれば、早くからチャンスは広がってくるでしょう。

また、チャンスを目の前にしたとき、リスクを承知で一歩踏み出せるかどうかでチャンスをものにできるかどうかが決まります。多くの人は、「あのとき、思い切ってやっておけばよかった」と後悔するものですが、決断できた人だけがチャンスをつかみます。

チャンスというのは、そのときを逃すと、誰かがやってしまったり消え去ってしまったりして、もう二度とやってこないと考えた方がいいです。センスを磨き、常にチャンスをうかがう姿勢で生活をして、ものにするための一歩を踏み出す決断をしてください。

チャンスの見つけ方

さまざまな要素の合計点で決める例

アイデア	競争力	ニーズ	コスト	合計
商品A案	8	6.5	6	48
商品B案	5	9	8	59 ← 有望
商品C案	6	6.5	6.5	34

※各項目は10点満点

どのアイデアにチャンスがあるかを計るため、競争力や市場のニーズなどさまざまな項目で商品ごとに点数をつけ、単純にその合計点が高いものが成功確率の高いものと判断する方法。

差別化を考える

マネされにくい工夫を施す。

オリジナルにこだわるのも1つの道

差別化としていちばんストレートなものは、ゼロから何かを生み出すということだと思います。

ただ、そのためにはそれ相応の苦労が伴います。1のものを5や10にできる人はそこそこいるものの、ゼロから1をつくり出せる人材はとても少ないからです。新しいものを生み出すのは、まさに産みの苦しみでしょう。それに、時間と労力を考えると、マネから入ってオリジナルをつくり出すほうが効率的です。

しかし、誰かが新しいものを生み出さないと、世の中に新しい価値が生まれないのも事実です。また、そもそも創作意欲がある人にとっては、産みの苦しみこそが楽しいもの。

実際、オリジナリティにこだわってビジネスを続けることにチャレンジする会社は数多くあります。

このあたりは人それぞれですが、ゼロからつくるのは、価値ある1つの道です。

価値優位の戦略は魅力的な付加価値が大前提

188ページの価値優位という戦略は、ライバルの商品にはない付加価値をつけて差別化し相手より優位に立つという方法でした。

しかし、いくら差別化ができても、市場にとって必要でない陳腐なものならもちろん売れません。

ですから、陳腐でなく、市場にとって魅力的な価値をつけて差別化するというのが前提になります。自分でいいなと思うだけでなく、周囲のアドバイザーや信頼できる相談相手などの意見も聞くなど、客観的に価値があるかどうかを確認すべきです。

そのうえで、さらに他社にマネされにくい方法をとることを考えなければなりません。すぐにマネできると、資本力のある大手にすぐ逆転されてしまうからです。つまり、参入障壁という意味での差別化が必要だということです。

ライバルの参入を防ぐ特許取得、市場シェア独占

参入障壁としての差別化としてまず考えられるのは、特許をとるなど法的にその商品・サービスに対する権利を得るということです。

特許をとるのは手間がかかる、時間が惜しいなどの理由でつくってすぐ売る場合は、安めの価格で一気に市場シェアをとってしまう形をとりたいですね。相手に参入するすきを与えないということです。販売チャネルを持っている代理店と組むのも一考です。

また、業界団体をつくって、つくった団体に加盟しているところでなければその商品・サービスが扱えないようにするという方法もあります。業界団体はわりとかんたんにできるのです。

以上のような、ライバルが参入できない、もしくは参入するのに時間がかかる参入障壁を考えます。

いいものができてヒットしたから、それで将来ずっと安泰というわけではありません。そこから一歩進めて、差別化や参入障壁をつくる工夫をいかにしっかりと考えられるか。そこが、事業を持続させていくためには大切なのです。

第7章

起業③
充実・確立させる

格安で提供
使い続けてもらい、サプライ品で儲ける
事業を長く続ける仕組みを考えよう

コミュニケーション力が基本

ビジネスに不可欠で、誰もが磨ける力。

⇣コミュニケーション力とは幅広い能力の複合力

事業を長く続けるためには、事業化と仕組みづくりが不可欠です。そして、事業化と仕組みづくりのベースが人であり、それをつなげるコミュニケーション力になります。日本経団連の調査にもあるように、ビジネスでもっとも必要な力は、ダントツでコミュニケーション力です（197ページ図「選考時に重視する要素」参照）。

コミュニケーション力とは、単にその場の会話をうまくやるだけの能力ではありません。いろいろなことが含まれていて、いわば複合力とでもいうような能力のことです。

まず、こちらの言いたいことをまとめて、それを相手に伝えられるように考えを整理しなければいけません。次に、頭のなかで整理したことを、相手にわかりやすい表現に直して伝える必要があります。

伝えるときは、同時に相手の反応を洞察することも欠かせません。「あ、反感を買っていそうだ」とか「熱心に聞いているので興味があるのだな」などと状況を把握して、そのうえで、質問をしたりして相手から情報を得て、その情報に対してこちらがさらにコメントを返していく、というサイクルを回して始めてコミュニケーションの成立です。

そのサイクルを短い時間でどんどん回さなければならないのが、コミュニケーションの難しいところであり、同時に楽しくライブ感があふれるところでもあります。

以上を見ると、ビジネスの基本がたくさん詰まっているのがコミュニケーションであるということがわかると思います（199ペー

選考時に重視する要素

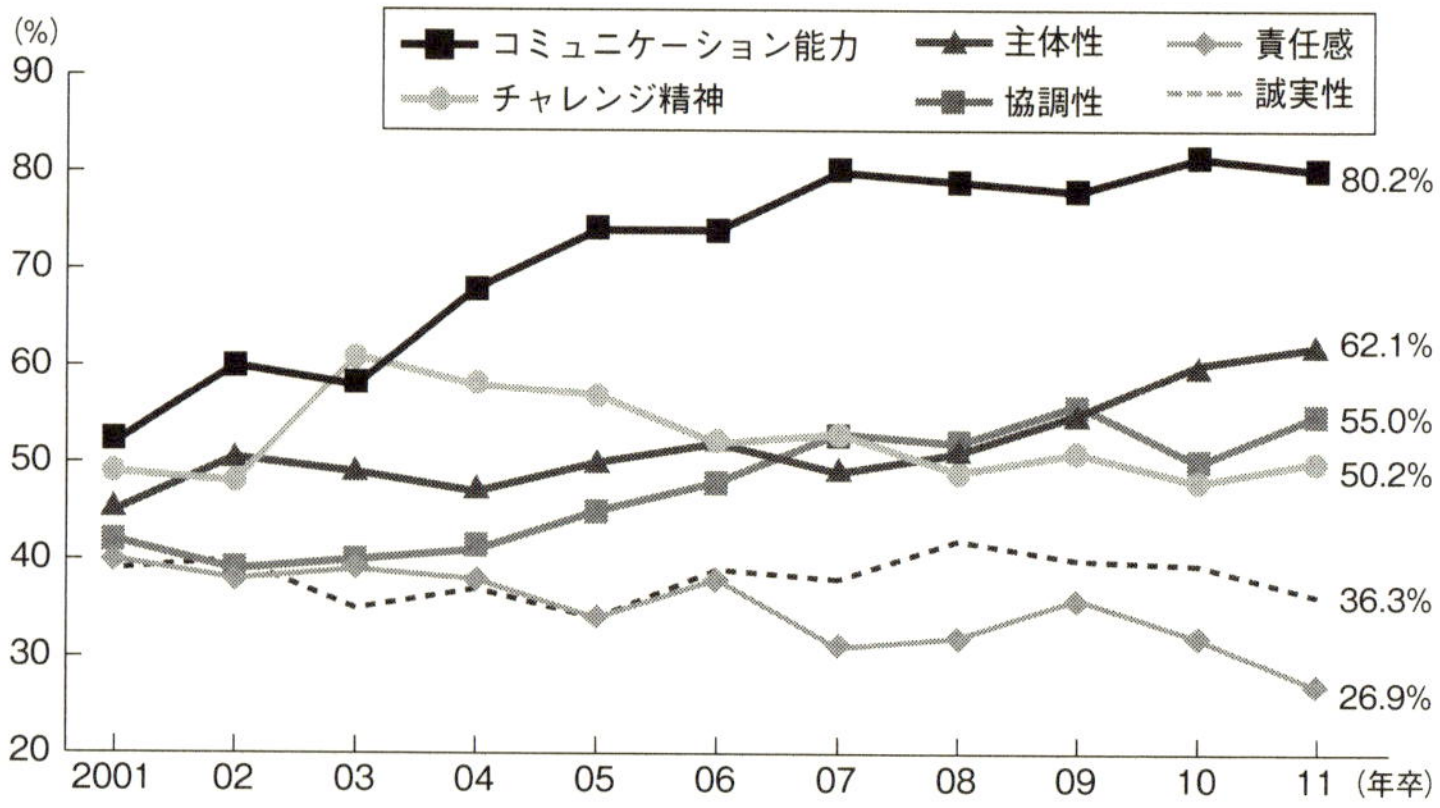

資料：経団連「新卒採用に関するアンケート調査」（当該設問は2001年卒採用から調査開始）＊2011年9月28日発表

※選考にあたって特に重視した点を25項目より5つ回答。全回答企業のうち、その項目を選択した割合を示している。

ジ図「コミュニケーション力とは」参照）。

さまざまなビジネスシーンで能力が問われる

独立して会社をやっていくとなると、会社員や学生と比べて格段に人と交渉する機会が増え、コミュニケーション力が問われる場面が増えてくるはずです。

まず、会社の営業がスタートすると、外部との交渉が始まります。このとき、自社にとって有利な条件を勝ち取るためにネゴシエーションをしなければなりません。資金繰りや仕入れなどでも同様です。独立において人間関係がとても重要で、そのベースになるのがコミュニケーションです。同時に、社内的な活動も本格化して、従業員にやる気を出してもらうため、社内でもうまくコミュニケーションをとっていく必要が出てきます。

このように、多くのビジネスシーンで問われるコミュニケーション力ですが、じつは誰もがもっているものであり、誰もが磨くことのできる力なのです。強力なコミュニケーション力があれば、それだけで勝負も可能です。どんどん磨いていきましょう。

コミュニケーションを大事にすれば人が集まる

コミュニケーション力は複合力ですが、そのなかには、人間関係をつくる力も含まれています。そして、関係性をつくるためには、お互いに理解し合うだけでなく、相手を気持ちよくさせたり、こちらも楽しんだりすることも大事です。

仕事のなかで忘れられがちですが、じつは「楽しく」というのは非常に大事なキーワードになります。仕事が苦行になってしまっては、やはり長く続かないからです。

そのため、常にやりがいとか夢、目標をもって楽しんでいくためには、一つひとつのコミュニケーションを大事にすることです。そこまで意識して実行できれば、そういう会社に人や仕事は集まるものです。

コミュニケーション力を磨くには実践を積むことです。とくに知らない人とプレッシャーを感じながら話す経験などがいいですね。

コミュニケーション力とは

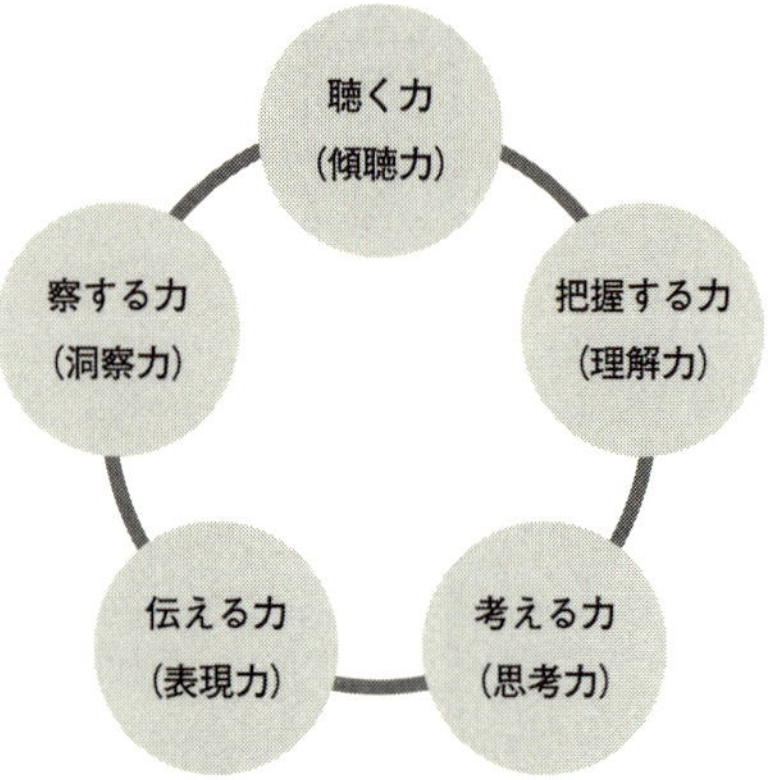

- ■相手の言うことに集中してしっかり聴く**傾聴力**
- ■相手の話の内容を正確に把握する**理解力**
- ■相手の話を受けてそれに対してどう応えるかを考える**思考力**
- ■自分の言いたいことを言語化して伝える**表現力**
- ■自分の言ったことに対して相手や周囲の反応を察する**洞察力**

このような一連のサイクルを行う複合的な力がコミュニケーション力

営業力①マーケティング

一定の顧客を維持しなければ、ビジネスは続けられない。

顧客をつくり続ける仕組み

事業とは、顧客をつくり続けることです。ところがこれが、結構大変なのはおわかりでしょう。会社がやっていくためには、顧客を獲得しなければなりません。そして、会社を続けていくためには、顧客が一定以上の数だけいつも利用し続けてくれなければなりません。

一定以上の数の顧客を維持するのは、なかなか難しいのが現実です。理想は顧客全員がリピートしてくれることなのですが、リピート率10割はほとんど不可能です。できるだけリピート率を高めるための顧客満足の獲得と、新しい顧客を創り続ける開拓力が重要です。とくに独立後には、新しい顧客の開拓が重要テーマとなり、そのための顧客をつくり続ける仕組みづくりが、まさしく本章のテーマです。

ここでは、顧客をつくり続けるための営業力について解説していきます。営業力の最初に、マーケティングについて基本的なところを説明します。

マーケティングのアプローチ方法はいろいろ

マーケティングは、効果的に顧客獲得をするために必要不可欠とも言えるものです。新規顧客を獲得するためには、まず自社の商品の価値は何か、選ばれ続ける理由は何かということを把握しなければなりません。そこを明確にしたうえで、では自社商品・サービスの顧客になるのは誰でどこにいるのか、市場のセグメンテーションをします。

顧客を絞り込んだら、今度はその見込み客に対して、自社商品・サービスの価値を伝えて買ってもらう仕組みをつくっていきます。

以上が基本ですが、マーケティングのアプローチはほかにもいくつか考えられます。大手企業なら、マス広告を使ってばんばん宣伝するのもありでしょう。そのほか、ターゲットを決めてそのターゲットが集まる特定の場所で商品を配ったりするターゲットアプローチという方法や、最初だけ無料お試しで配る方法、逆に限定販売などと希少性を出して売る方法など、やり方はたくさんあります。

営業力②アプローチの技術

直接的手法と間接的手法を使い分ける。

リストに対して数多く当たれる手法を選択

アプローチとは、見込み客に対して、どう営業していくのかということです。アプローチするセグメンテーションが終わったら、見込み客をリスト化して具体的にアタックするターゲットをリストアップしていきます。

見込み客に対するアプローチ方法には、直接的手法と間接的手法の2つがあります。直接的手法は、自分で営業したり誰か人を使ったり、もしくは見込み客に集まってもらうなど、面と向かって人対人で行う方法です。間接的手法は、メディアやDM、メール、ホームページなどのメディアやツールを使って商品・サービスの魅力を伝える方法です。

リストのターゲットに、どういう手法を組み合わせてアプローチしていくと効率的かを考え、できるだけ効果的に数多くあたれる方法を選択していきます。

直接的、間接的手法にもいろいろありますが、人脈を活用して紹介という形で行うアプローチは、最初からある程度信用してもらえるので効果的です。

ただ、注意したいのは、実際に営業をしてみるとわかりますが、初回から本格的なプレゼンテーションを、といってもなかなか受けてもらえないということです。

最初はあいさつから始まり、概要説明で興味をもってもらって、セカンドアプローチ、サードアプローチ、それからやっとプレゼンテーションというように、何度かアプローチするのが普通です。アプローチは、1回では終わらないことも想定しておいてください。

アプローチの心得

その1 相手志向

こちらの言いたいことよりも、
相手の知りたいことを伝える。
相手が利用する必然性を考え抜く。

その2 一期一会

チャンスは一度だけ、
この出会いを大切にするという気持ちをもつ。
第一印象は大事なので、万全の準備を。

その3 信用残高

信用は小さな努力の積み重ね。
最初から信用してもらうことは難しいので、
そのような機会をつくる。

営業力③プレゼンテーションの技術

話術だけでなく、ツールを使うセンスも問われる。

直接的、間接的手法を組み合わせ相手に賛同してもらう

アプローチに成功したら、次はプレゼンテーションです。プレゼンテーションとは、こちらの提案を伝えて、相手に賛同や納得して理解してもらうこと。そしてプレゼンテーションの最終目的は、こちらの意図するような行動を起こしてもらうことです。理解してもらっても購買などの行動に移してもらわなければ、顧客にならないのです。

そのための方法として、プレゼンテーションにもアプローチと同様に直接的手法と間接的手法があります。ここでとくに生きてくるのは企画書です。こうしたものを、できるだけ効果的に伝えられるような技術が必要になってきます。

たとえば、自社のホームページに企画のポイントを出しておくのも、直接相手の会社に

足を運んで説明するのも大事です。

⇣苦手を補い合うパートナーとペアでプレゼンするのも1つの手

プレゼンテーションは、196ページで説明したコミュニケーション力とも重なりますが、話術だけでなくビジュアル化のセンスも問われます。つまり、アピールしたいことをわかりやすい図にしたビジュアルをつくったり、スライドで説明したり、デジタル・アナログを含めたツールを使いこなせるかどうかということです。

話術を含めたパフォーマンス力と、ビジュアルセンスを生かした企画書・資料をつくる力の両方が、しっかりしているのが理想的。なぜなら、対話が好きな顧客もいれば、ビジュアライズして説明されたほうがいいという顧客もいて、どちらのタイプの顧客にも合わせられるからです。

とはいえ、話術か企画書づくりのどちらかが苦手ということも多いものです。そこで、話術が得意な人と企画書づくりが得意な人が、2人1組のペアになってプレゼンするというのも手です。自分自身は話術が得意なら、企画書づくりが得意なパートナーを連れていけばいいということ。補完関係をつくって、苦手をなくせばいいわけです。

営業力④クロージングの技術

相手に、最終的な返事を迫る。

じつは営業の技術でいちばん大事

ここでいうクロージングとは、契約を結ぶこと、もしくは最終的に自社の商品・サービスを買ったり使ってもらったりするという意志決定をしてもらい、受注することです。営業の技術でよく語られるのは、アプローチやプレゼンテーションですが、じつはクロージングのほうが大事なのです。

なかには、クロージングが必要ない場合もあります。たとえば、テレビショッピングなどは、プレゼンテーションだけして、申し込み方法などの仕組みをつくっておけば事業が成り立ちます。しかし、直接相手に対面してクロージングする必要があるなら、その技術が必要になります。

クロージング・テクニックの例

断る理由をつぶしていく

高くて手が出ないよ
では割賦販売でどうですか？
相手
じつは別の会社が○○をおまけしてくれて
ではうちもつけますよ

相手に選ばせる

3つのプランを用意しました。このなかから選んでください

選択肢は2～3用意。多すぎないこと

譲歩する

あと5%ひきますから決めてください
相手
う～ん…

営業力⑤信頼関係をつくる

利用後のフォローで、リピーターを増やす。

利用後の顧客評価を集めフィードバックする仕組みが大切

事業を続けていくためには、新規顧客をつくると同時に、リピーターを獲得しなければなりません。顧客をリピーターにするには、信頼関係が不可欠です。

顧客との信頼関係が築ければ、顧客本人がリピーターになるだけでなく、その顧客からの口コミや紹介で顧客が広がっていく可能性も高くなります。インターネットやソーシャルメディアの世界では、このシェアという行動がとても重要です。

その意味では、クロージングして終わりではなく、さらにそのあとのフォローまで重視しなければならないのです。リピーターになってもらうには、利用してもらったあとまで満足させる必要があるわけです。

逆に、そこで不満をもたせると、今度はそれを周囲に言いふらす恐れがあります。その顧客本人を失うだけでなく、マイナスの波及効果があるかもしれないということです。

それを予防するためには、顧客の評価をきちんと集め、フィードバックしてすぐにフォローする仕組みをつくることが大切です。

ここまで見てきたように、営業は、マーケティングからアプローチ、プレゼンテーション、クロージング、フォローによる信頼関係づくりをして、はじめて仕事が完結します。

売れない営業は、このマーケティングから信頼関係づくりまでの一連のサイクルが回せていないのです。なぜか売れないという場合は、このサイクルができているかどうか見直しましょう。

☞信頼をつくる営業のサイクル

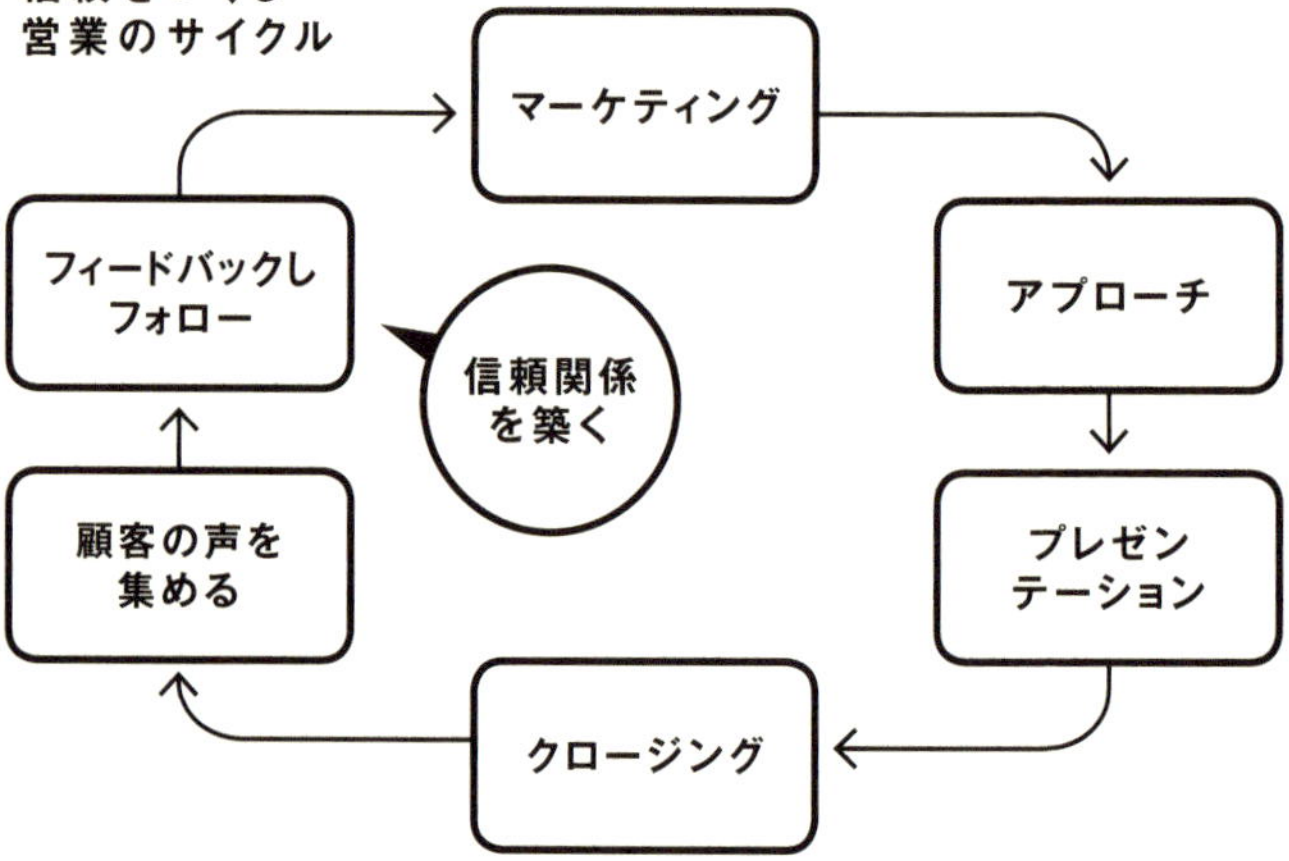

営業がうまくいかない場合は、上図のいずれかが欠けていないかチェックしよう。

売れる仕組みをつくる

ここが優れていれば、勝ちが見込める。

まず1回使ってもらうための仕組みをつくる

営業で顧客をつくり続けることは重要です。新規顧客を次々獲得できれば、それだけで商売は成り立ちます。

しかし実際には、一部例外はあるかもしれませんが、新規顧客がどんどん獲得できるということはほとんどないでしょう。そのため、リピーターがいないと商売がきつくなります。そこで、同じ商品・サービスが何度も売れるような、リピートせざるを得ない仕組みを考えていきます。

たとえば、替え刃式のひげ剃り（安全カミソリ）です。消耗品である替え刃を何度も買ってもらう、これがリピートする仕組みになります。替え刃を買ってもらうには、まず顧客がひげ剃り本体をもっていることが前提になるので、本体価格を安くしたり、タダ同然で配ったりするわけです。

売れる仕組みはさまざま

オフィスや家庭用のプリンターも、本体のリース料や本体販売価格を安く抑えインクなどのサプライをリピートしてもらう、という同じような仕組みになっています。

健康食品やコスメなどの消耗品は、メインで販売する商品そのものがリピートの対象です。買うのをやめれば商品効果がなくなるので、商品効果を得たい人にはずっと買い続けてもらえます。逆に言えば、一度使ってもらえるかどうかが勝負の分かれ目なので、「初回利用の方のみ1セット半額」などお試し価格を取り入れているところがたくさんあります。

毎月キットをおまけに付けて、連続して買わなければ完成しないようなパーツ販売や、コレクション心を刺激するような雑誌もあります。ポイントやマイレージなどのサービスもそうですね。

以上のような、リピーターをつくる仕組みが優れていれば、ビジネスでの継続性がある程度見込めます。起業で大事なのは事業の継続なのです。

無料を儲けにつなげる

顧客獲得が先。お金はあとからついてくる。

広告宣伝効果を狙った以前からあるモデル

最近増えているビジネスモデルの1つに、フリー、つまりタダで利用することができるものがあります。

無料から儲ける方法には、いくつかあります。身近な例では、駅前で無料配布しているポケットティッシュは、なかに入れた広告チラシを通行人に見てもらうことで、商品・サービスを利用してもらうという広告宣伝効果を狙っています。

広告という意味では、タダで配って広告収入を得るフリーペーパーも、以前からあるビジネスモデルです。

しかし、最近ネットビジネスを中心に伸びているのは、最初に無料で利用させておいて、だんだんお金を支払わせていくような仕組みのビジネスモデルです。

⇣最近伸びているのはだんだんお金がかかる仕組み

たとえば、携帯電話向けに配信されるゲームです。最初はフリーでも、オプションアイテムなどを使おうとするとお金がかかる、などという具合です。同様に、パソコンのフリーソフトでも、オプション機能を使うときは有料になるものがあります。電車の乗り換え案内のソフトやファイルの保管・送信サービスなどもありますね。

フリーのお試し期間を設けて、使い続けるならお金を支払ってください、という場合もあります。パソコンのセキュリティソフトや雑誌・新聞の無料購読などもそのパターンです。

ソフトだけでなく、化粧品や食品などを無料お試しで配るなど、実物をフリーで配るケースも当たり前になってきました。習慣的に使い続けてもらうために、タダで配ってそのきっかけづくりをしているわけです。

フリーのビジネスモデルに共通しているのは、まず顧客を獲得しようとしていること。顧客さえつかまえれば、お金はあとからついてくるという考え方ですね。これが急激に増えているということは、それだけ優れたビジネスモデルという証明です。

ニーズに応えるとお金が入る

モノが売れない時代でも、手はまだある。

顧客の課題を解決すること、欲求を満たすことが商売のベース

ニーズに応えるとは、要するに顧客の課題を解決してあげること、もしくは顧客の欲求を満たすことです。この2つは、あらゆる業種において、商売を成立させるためのベースになります。逆に言えば、そこをいかに仕組みにしていくかが、商売のキモになるといえます。

現在は豊かな時代なので満たされている人が多くなり、ニーズに応えて収入を得る仕組みづくりといっても、なかなか難しい面もあります。しかし、最初は儲からなくても、ニーズに応える仕組みをうまくつくり上げることができれば、お金はあとからついてくるものです。

顧客を安心させる仕組みづくりを

まず考えられるのは、「お試しで、気に入らなければ返却できる」という仕組みです。ある枠組みのなかでなら法律によって契約解除できることが保証されているクーリングオフもありますが、その対象にならない業種であっても、一定の条件を満たしていれば返却できるようにしているところが最近では増えています。広告などの企業向けサービスでも、成果に応じた支払いというモデルが目立つようになりました。

これは、顧客が安心して商品・サービスを購入できるための仕組みですが、さらには自社の商品・サービスに対する自信の現れ、信頼性にもつながります。

顧客への安心という意味でもう1つ、これはインターネットの世界で増えているものですが、口コミ情報を利用するということです。

現在は、ソーシャルメディアなどを使って、個人がいいなと思う商品情報を不特定多数に発信する時代です。こうした口コミ情報にはある程度信憑性があるので、うまく活用して自社の商品・サービスに対する信頼性や安心感を理解してもらう、というのも手です。

信頼感や安心感をもってもらい、とにかく一度使ってもらい、顧客のニーズに応える商品だと実感してもらってはじめて、商品・サービスは売れるのです。

究極のマーケティングに挑戦！

時代の流れを的確に捉える。

究極の目的は営業なしに売れる仕組みづくり

インターネットの登場で、個人の購買行動には大きな変化が見られるようになりました。それは「シェア」という行動です。自分が気に入ったモノ・コトについての評価を、ソーシャルメディアや口コミサイトなどで不特定多数の人に発信するのです。

そのような行為の動機として、損得勘定はありません。純粋に評価者として発信しているのです。他者にそれを伝えることが、自分の使命であるかのように。一部には「やらせ」も存在するようですが、そういうのはなんとなくわかるものです。

損得勘定なしに発信されている個人の情報は信憑性が高いと判断されて、多くの人の購買行動に、強い影響を与えるようになりました。

そのような時代の流れを的確にとらえることが、独立・起業におけるマーケティングを成果に導く必要条件なのです。

営業の重要性を説いてきましたが、じつはマーケティングの究極の目的は、営業を不要とすることなんです。つまり、黙っていても売れるような状態にすること、次から次へと顧客が生まれリピートするような仕組みを構築することです。

みなさんの独立・起業を成功に導くのは、一にも二にもみなさんに仕事を与えてくれる、顧客の獲得です。時代の流れをしっかりと捉えて、ぜひ顧客を生み出す究極のマーケティングにチャレンジしてはいかがでしょうか。

☞独立・起業を成功させる仕組みをつくろう!

おわりに

この本を書くにあたっては、若干の躊躇を感じていました。起業することの難しさやリスクを、骨身にしみてわかっている者として、独立・起業を安易にすすめていいものだろうか、という気持ちが常に心のなかにあったからです。

「サラリーマンは気楽な稼業」とは思いませんが、リスクを回避しやすい稼業だとは思います。冒険を避ける生き方、フォロワーとしての人生という選択も、世の中には必要なものです。みんなが好きなように冒険をしたなら、今のような世の中の安定は損なわれるでしょう。

安定的に働く多くの人の存在があるから、一部のチャレンジも許されるのだろうと思います。目の前の仕事に懸命に取り組み、家族のために日々働くお父さん・お母さんに敬意を表したい。

そのような社会の安定性をありがたく思いながらも、やはりチャレンジする人が必要となります。なぜならば、常に世の中の環境は変化していくので、安定するということは一定であるということではないからです。

だれもが自分なりのチャレンジをしなければ、気がつくと時代の変化に取り残されてしまうでしょう。そのようにして滅びてしまったコミュニティは、これまでに数多くありました。そのような変化の種になる可能性は、老若男女の誰もがもっているものだと思います。それに気がつく第一歩が独立であり、そのやり方も多様であるということを伝えるために、本書を書き綴ってきました。

個人がつながり合うネットワーク社会において、多様で成功確率が高くなった独立という形態は、個人が選ぶべきキャリアの選択の、1つの有力な道であると考えられるようになりました。それに伴う苦労やリスクは、人生を味わいのあるものにするためのスパイスかもしれません。

「涙とともにパンを食べたものでなければ、人生の味はわからない」というのはゲーテの言葉です。できれば笑顔でパンを食べたいものですが、苦労や失敗も、人生のなかでは生きてくるものです。同じくゲーテの言葉に「人生において重要なのは生きることであり、生きた結果ではない」というものもあります。人生を味わいながら生き続けたいものです。

本書を書くにあたって、多くの人に助けてもらいました。取材に応じていただいたみなさん、ブレーンの井田さん、同友館の佐藤さん、武苅さんに厚くお礼申し上げます。

雲の上にて

著者

原　正紀（はら　まさのり）

株式会社クオリティ・オブ・ライフ　代表取締役社長。高知大学客員教授。成城大学非常勤講師。早稲田大学法学部卒業後、リクルートを経て新時代の人財ビジネス（株）クオリティ・オブ・ライフ設立。産学官にまたがる仕事を通じて、多くの経営者や識者との面談を行ってきた。コンサルティング、講演、委員などの経験も豊富。主な著書は『間違いだらけの会社選び』（アチーブメント出版）、『人生二毛作社会を創る』『インタビューの教科書』（ともに同友館）、『優れた企業は「日本流」』（扶桑社）、『採用氷河期』（日本経済新聞出版社）など。月刊誌「企業診断」で挑戦する経営者シリーズを連載中。

独活のスス

2012年10月7日　初版第一刷発行

著　者――原　正紀
発行者――脇坂康弘
発行所――株式会社　同友館
〒113-0033
東京都文京区本郷3-38-1
TEL 03-3813-3966
FAX 03-3818-2774
http://www.doyukan.co.jp/

イラスト――武曽　宏幸
装　丁――菊池　祐（ライラック）
本文デザイン――今住真由美（ライラック）
印　刷――萩原印刷
製本所――松村製本所

ISBN978-4-496-04909-5